朱子家禮

宋本彙校

[宋]朱熹　撰
[日]吾妻重二　彙校

上海古籍出版社

圖書在版編目(CIP)數據

朱子家禮宋本彙校 / (日) 吾妻重二彙校. —上海:上海古籍出版社, 2020.9 (2025.6重印)
ISBN 978-7-5325-9725-3

Ⅰ.①朱… Ⅱ.①吾… Ⅲ.①朱熹(1130-1200)—家禮 Ⅳ.①K892.27

中國版本圖書館 CIP 數據核字(2020)第 154308 號

朱子家禮宋本彙校

[日] 吾妻重二 彙校

上海古籍出版社出版發行

(上海市閔行區號景路159弄1-5號A座5F 郵政編碼201101)

(1) 網址: www.guji.com.cn

(2) E-mail: guji1@guji.com.cn

(3) 易文網網址: www.ewen.co

上海展强印刷有限公司印刷

開本 850×1168 1/32 印張 8.5 插頁 9 字數 151,000

2020 年 9 月第 1 版 2025 年 6 月第 5 次印刷

印數: 4,801—5,600

ISBN 978-7-5325-9725-3

B·1176 定價: 58.00 元

如有質量問題,請與承印公司聯繫

電話: 021-66366565

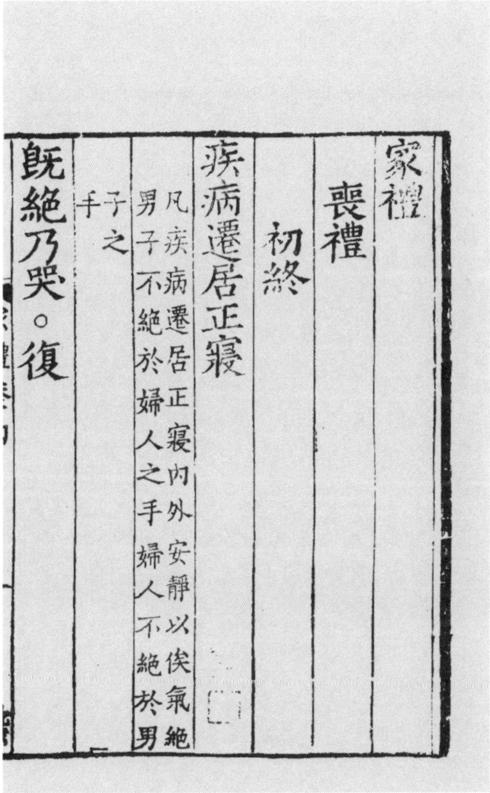

家禮

喪禮

初終

疾病遷居正寢

凡疾病遷居正寢内外安靜以俟氣絶男子不絶於婦人之手婦人不絶於男子之手

既絶乃哭。復

宋版周復本《家禮》

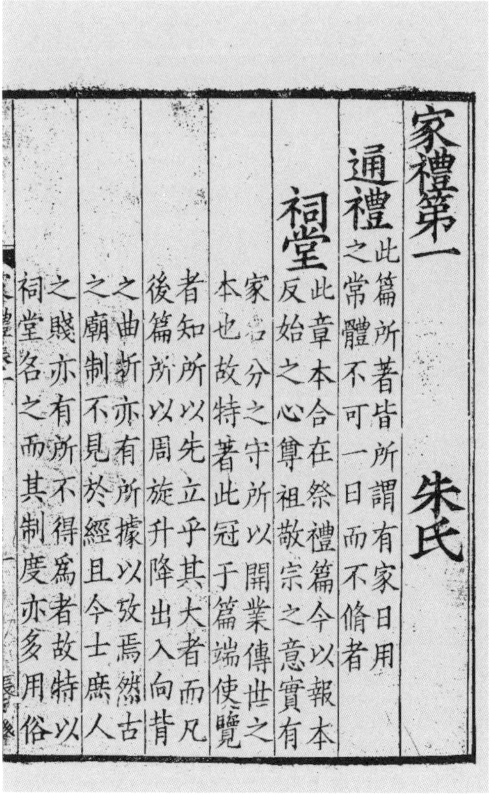
家禮第一　　朱氏

通禮此篇所著皆所謂有家日用之常體不可一日而不脩者

祠堂此章本合在祭禮篇今以報本反始之心尊祖敬宗之意實有家名分之守所以開業傳世之本也故特著此冠于篇端使覽者知所以先立乎其大者而凡後篇所以周旋升降出入向背之曲折亦有所據以攷焉然古之廟制不見於經且今士庶人之賤亦有所不得爲者故特以祠堂名之而其制度亦多用俗

洪氏公善堂覆宋刊本《家禮》

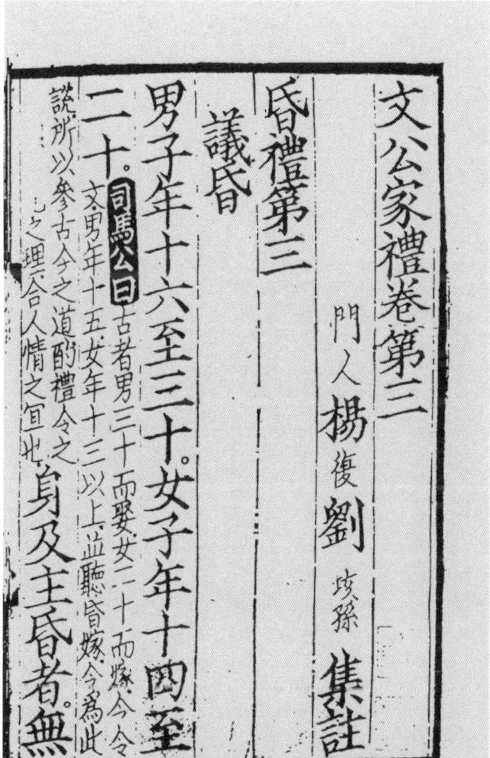
文公家禮卷第三
門人 楊復 劉垓孫 集註
昏禮第三
議昏
男子年十六至三十。女子年十四至
二十。司馬公曰：古者男三十而娶，女二十而嫁，今令文男年十五，女年十三以上，並聽昏嫁。今為此說，所以參古今之道，酌禮令之□□之理，合人情之宜也。身及主昏者無

纂圖集註本《家禮》

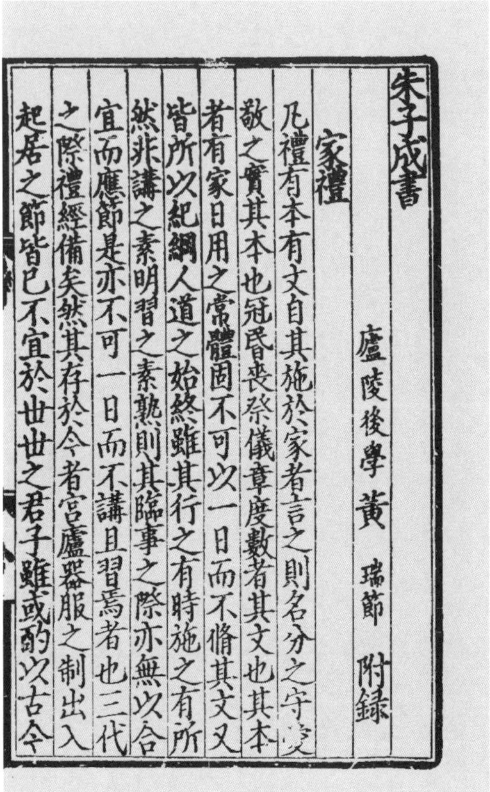
朱子成書
盧陵後學黃　瑞節　附錄
家禮
凡禮有本有文自其施於家者言之則名分之守愛
敬之實其本也冠昏喪祭儀章度數者其文也其本
者有家日用之常體固不可以一日而不脩其文又
皆所以紀綱人道之始終雖其行之有時施之有所
然非講之素明習之素熟則其臨事之際亦無以合
宜而應節是亦不可一日而不講且習焉者也三代
之際禮經備矣然其存於今者宮廬器服之制出入
起居之節皆已不宜於世世之君子雖或酌以古今

朱子成書本《家禮》

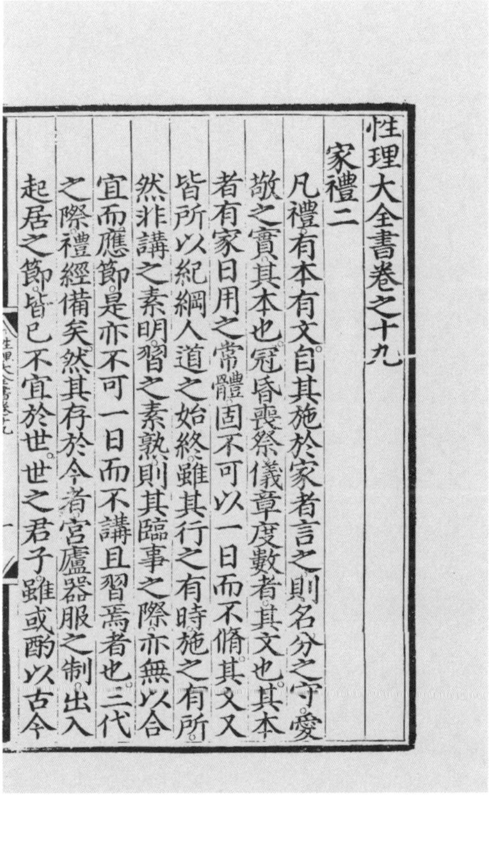

性理大全書卷之十九

家禮二

凡禮有本有文自其施於家者言之則名分之守愛敬之實其本也冠昏喪祭儀章度數者其文也其本者有家日用之常體固不可以一日而不脩其文又皆所以紀綱人道之始終雖其行之有時施之有所然非講之素明習之素熟則其臨事之際亦無以合宜而應節是亦不可一日而不講且習焉者也三代之際禮經備矣然其存於今者宮廬器服之制出入起居之節皆已不宜於世世之君子雖或酌以古今

性理大全本《家禮》

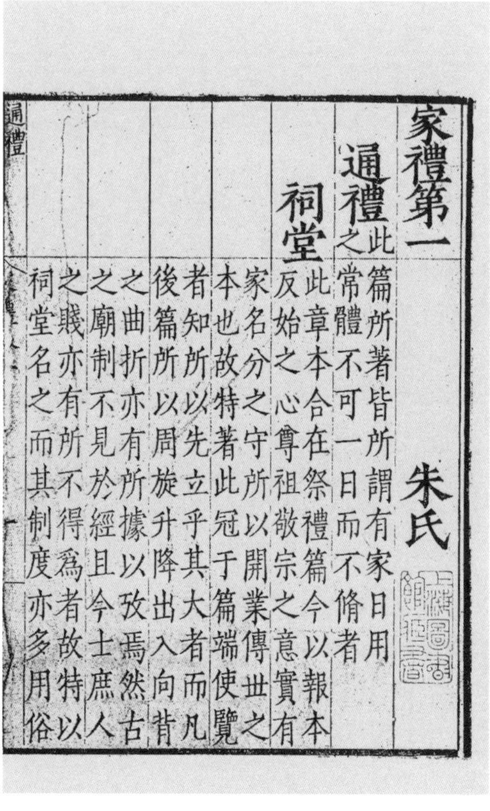

家禮第一　　朱氏

通禮此篇所著皆所謂有家日用之常體不可一日而不脩者

祠堂此章本合在祭禮篇今以報本反始之心尊祖敬宗之意實有家名分之守所以開業傳世之本也故特著此冠于篇端使覽者知所以先立乎其大者而凡後篇所以周旋升降出入向背之曲折亦有所據以致焉然古之廟制不見於經且今士庶人之賤亦有所不得爲者故特以祠堂名之而其制度亦多用俗

明版《家禮》

朱子家禮卷一　　思賢講舍

湘陰郭嵩燾伯琛校訂

通禮此篇所著皆所謂有家日用之常體不可一日而不修者

祠堂此章本合在祭禮篇今以報本反始之心尊祖敬宗之意實有家名分之守所以開業傳世之本也故特著此冠於篇端使覽者知所以先立乎其大者而凡後篇周旋升降出入向背之曲折亦有所據以考焉然古之廟制不見於經且今士庶人之賤亦有所不得爲者故特以祠堂名之而其制度亦多用俗禮云

君子將營宮室先立祠堂於正寢之東祠堂之制三間外爲中門中門外爲兩階皆三級東曰阼階西曰西階階下隨地廣狹以屋覆之令可容家衆敘立又爲遺書衣物祭器庫及神廚於其東繚以周垣別爲外門常加扃閉若家貧地狹則止爲一間不立廚庫而東西壁下置立兩櫃西藏遺書衣物東藏祭器亦可正寢謂前堂也地狹則於廳事之東亦可凡祠堂所在之宅宗子世守之不得分析○凡屋之制不問何向背但以前爲南後爲北左爲東右爲西後皆倣此

郭嵩燾《校訂朱子家禮》

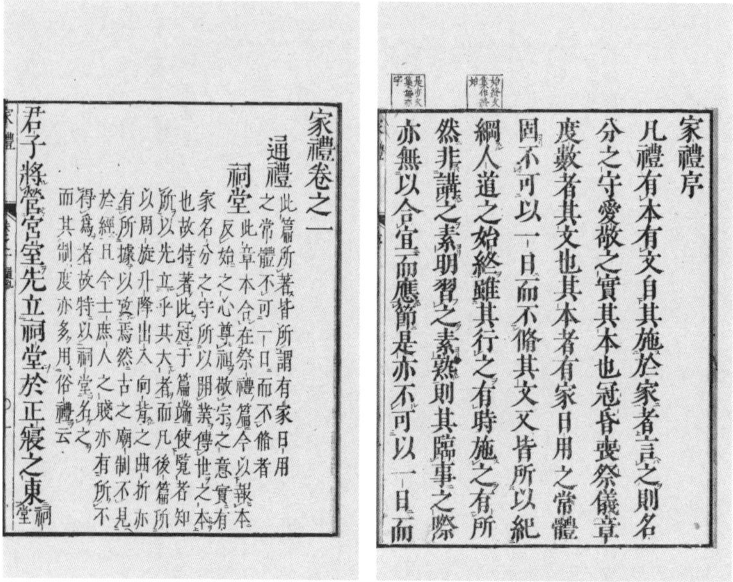

家禮序

凡禮有本有文自其施於家者言之則名分之守愛敬之實其本也冠昏喪祭儀章度數者其文也其本者有家日用之常體固不可以一日而不脩其文又皆所以紀綱人道之始終雖其行之有時施之有所然非講之素明習之素熟則其臨事之際亦無以合宜而應節是亦不可以一日而

始終文集作終始

是亦文集無亦字

家禮卷之一

通禮 此篇所著皆所謂有家日用之常體不可一日而不脩者

祠堂 此章本合在祭禮篇今以報本反始之心尊祖敬宗之意實有家名分之守所以開業傳世之本也故特著此冠于篇端使覽者知所以先立乎其大者而凡後篇所以周旋升降出入向背之曲折亦有所據以攷焉然古之廟制不見於經且今士庶人之賤亦有所不得為者故特以祠堂名之而其制度亦多用俗禮云

君子將營宮室先立祠堂於正寢之東 祠堂

和刻本《家禮》

目録

家禮（第五）

小序

吾妻重二

一

《家禮》一書是南宋朱熹(公元一一三〇~一二〇〇)所撰,是「冠婚喪祭」禮儀的實施手册,在日後産生了巨大的影響。隨著朱子學的廣泛滲透,《家禮》也成爲人們所熟知的書,很多人都按著《家禮》所述進行了儒教的日常禮儀。然而,《家禮》的這種意義,在過去並没有受到充分的關注。

《家禮》具有的劃時代意義,大概可以從三個方面加以説明。

第一,《家禮》作爲禮文獻的重要性。就禮文獻之古典而言,《儀禮》十七篇當然是很重要的,但是《儀禮》是中國先秦時代的古書,内容相當繁瑣,逐漸變得不合乎時代的要求。因此,北宋的司馬光抽取其中冠婚喪祭的部分,並在禮儀的具體記述方面加以損益,按照當時人們的需要撰寫了《書儀》十卷。不過,此《書儀》的記述仍舊複雜,且囉唆,因此，朱熹在此基础上进一步加以整理與删減，撰寫了《家禮》五篇。其内容分爲「通禮」與「冠婚喪祭」四禮，目録也十分明晰，易於了解。「冠婚喪祭」從此也成爲了家喻户曉的名詞。

如果説《儀禮》是古代禮文獻的代表，《家禮》則是中國近世（宋元明清）禮文獻的代表。《家禮》之後，很多註解、解説陸續出現，也可以説，《家禮》已成爲儒教中的「新古典」。

第二，《家禮》具有「士」與「庶」都受用的内容。换句話説，此書具有特權階層與一般庶民都可實行的開放性。在中國古代，禮只是特權階層纔能享受的，這一點在《禮記·曲禮篇上》「禮不下庶人，刑不上大夫」一句中有典型的表現。雖然此句所述較爲極端，似乎也不太合乎歷史實際，不過，一般庶民没有行禮的資格這一觀念，一直相當頑固，難以反駁。這種「禮的階級性」在宋代官方禮制的規定中也有明顯的表現，即依不同的階級與身份，頗爲嚴格地規定了行禮的資格及其具體内容。然而，《家禮》則没有預設這種階級性的差别。可以説，《家禮》是不分士庶、人人都可以實行的禮儀書。這種特色當然反映了「人人都可以成爲聖人」這一朱子學的平等主義的人類觀。《家禮》爲東亞世界的人們所接受，其基本原因也應該在於這種開放性。一般的看法可能認爲，朱子學是封閉的、僵化的思想，然而這種説法，還有很多探討的餘地。

第三，《家禮》一書的影響超越中國範圍，擴展到了韓國、越南、日本、琉球等東亞世界。東亞世界有關《家禮》的註釋、撰述及論文十分豐富，可充分説明其影響的程度非同一般。其影響之大，可能也不亞於朱熹的《四書集注》。

原來，禮乃是區分「文明」與「野蛮」的重要標誌。例如，明代丘濬（公元一四二一～一四九五）在《文公家禮儀節》的《序》中曾説：

> 禮之在天下，不可一日無也。中國所以異於夷狄，人類所以異於禽獸，以其有禮也。禮其可一日無乎！成周以儀持世，上自王朝以至於士庶人之家，莫不有其禮。

這一思想，其實不僅是中國，而且也是近世東亞各國家的一個共同認識。關於這一點我們可以從韓国首都首爾的正門南大門的正式名稱「崇禮門」以及琉球王宮首里城的正門懸掛的匾額「守禮之邦」得到充分的瞭解，這些名稱是向國内外宣揚自己乃是崇尚禮儀、保持文明的國家的象徵。顯而易見，在過去的東亞國家中，禮已成爲區分「文明」與「野蛮」的核心指標了。

日本的著名朱子學者貝原益軒（公元一六三〇～一七一四）有云：

> 禮者天地之常，人之儀則也，則謂人之規距也。無禮，則無人間之規矩，而同於

禽獸。因此應自幼即謹守禮儀。人之行爲，事事應有禮。若萬事有禮，則有條理而易行，心亦定而安。若無禮，則條理差失，紊亂而不行，心亦不安。故禮乃不可不行者也。（《和俗童子訓》卷一，原文是日文）

可以説，益軒作爲朱子學者，很好地瞭解禮的意義，其立場完全與丘濬相同。既然如此，我們應當再一次關注並研究《家禮》在東亞近世時期所具有的影響。這種研究也是闡明「儒學史」或「朱子學史」展開的一個重要環節。

二

在此需要指出的是：《家禮》乃是朱熹的自撰。以前有所謂的《家禮》「僞作説」，認爲此書不是朱熹自作，而是他人假托朱熹的名字所作的僞書，這也成爲過去《家禮》的研究不振的原因之一。此「僞作説」由清代王懋竑提出以後，爲《四庫全書總目》所繼承，經過長期流傳，不少人信奉此説。然而近年來，通過包括我在内的研究者的探討，已經證明了這個説法是不對的。《家禮》雖然是朱熹的未定稿，但確實是朱熹本人所撰的重要著作。

最後，簡單地説明本書出版的緣起。二〇一二年五月，華東師範大學出版社出版了我的《朱熹〈家禮〉實證研究》一書。此書出版之後，竟博得好評，同年十月就出版了第二版。此《朱熹〈家禮〉實證研究》是我十多年來研究《家禮》的成果之一，書的後半部分是「宋版《家禮》校勘本」。《家禮》的文本在南宋以後出現了很多版本，在文字上也有很多異同之处，因此我在此使用很多相關版本，進行了詳細的校勘。

復旦大學的吴震教授，是我長年以來的畏友，他對此「宋版《家禮》校勘本」給予了很高的評價，並建議抽出這一部分作爲單行本出版。我没有理由推辭，因此決定出版新版，並且借此機會糾正了華東師範大學出版社版（舊版）中的一些錯字，還將舊版的横寫改爲竪寫，接近於《家禮》原本的體裁，書名則爲《〈朱子家禮〉宋本彙校》。以此爲小序。

（作者工作單位：日本　關西大學文學部）

前言

一　版本及其簡稱

本書是朱熹《家禮》的校勘本，現就所用底本和校本的版本資料及其簡稱説明如下。

〇底本

宋版《家禮》五卷（周復本，中國國家圖書館善本室藏，山東友誼出版社《孔子文化大全》所收影印本，一九九二年）＝**宋**

〇校本

洪氏公善堂覆宋刊本（清光緒六年刊，美國新澤西：普林斯頓大學葛斯德圖書館藏）＝**公**

《纂圖集註文公家禮》十卷　楊復附注　劉垓孫增注（南宋刊本，存卷三、卷四，東京：東京大學東洋文化研究所藏）＝**集**

《纂圖集註文公家禮》十卷　楊復附注　劉垓孫增注（南宋刊本，存卷六、卷七，北京：中國國家圖書館善本室藏，編號一〇四〇八）＝**集**

《朱子成書》所收《家禮》　［元］黄瑞節編（至正元年日新書堂刊，臺北：臺北故宫博物院藏）＝**成**

《性理大全》卷一八至卷二一　［明］胡廣等編（明内府刊本，山東友誼出版社《孔子文化大全》影印本，一九八九年）＝**性**

明版《家禮》五卷（上海：上海圖書館藏）＝**明**

文淵閣四庫全書本《家禮》五卷（上海古籍出版社影印本，大阪：關西大學圖書館藏）＝**庫**

《校訂朱子家禮》五卷　［清］郭嵩燾撰（光緒十七年思賢講舍刊，北京：中國科學院圖書館藏）＝**郭**

和刻本《家禮》五卷（淺見絅齋點，寬政四年刊，大阪：關西大學圖書館藏）＝**和**

上記和刻本欄外所附校記＝**和校**

〇其他

黄榦《書晦庵先生家禮》(《勉齋先生黄文肅公文集》卷二〇,元刊本影印,中國國家圖書館古籍珍本叢刊第九十册所收,北京: 書目文獻出版社) ‖ **黄**

朱熹《家禮序》(《晦庵先生朱文公文集》卷七五,明刊本影印,四部叢刊本,臺灣: 商務印書館) ‖ **朱**

程頤《作主式》(《河南程氏文集》卷一〇,《二程集》標點本,北京: 中華書局,一九八一年) ‖ **程**

關於上列各本,以下略作説明。首先,底本宋版《家禮》五卷(宋)爲南宋末周復本,卷一至卷三及卷四的末尾部分是由抄本所補。筆者通過中國友人得到了中國國家圖書館善本室所藏該本宋版的複製本,此後注意到山東友誼出版社《孔子文化大全》影印收録的版本亦即此本。

用於校勘的公善堂本(公)爲上列宋版的忠實的覆刻本,兩者之間僅有極少的文字差異。本書所用乃是筆者作爲海外派遣研究員在美期間複印的普林斯頓大學葛斯德圖書館藏本。京都大學人文科學研究所亦藏有此本。明版(明)也是宋版的覆刻本,但有少數文字被修改,卷首《家禮圖》亦有若干差異。

《纂圖集註文公家禮》(集),中國國家圖書館藏本與東京大學東洋文化研究所藏本爲同一版本,首先使用東文研所藏殘本進行校勘,其他部份的校勘則用北京圖書館藏本。此本爲南宋時期的刊本。又,《性理大全》本(性)則用《孔子文化大全》所收的影印本。關於此本,該《大全》未作解説,大致是明代内府刊本,也有可能是清康熙年間的内府重修本,要之,在《性理大全》各本當中,這是最好的一個善本,這一點是毋庸置疑的。

郭嵩燾《校訂朱子家禮》(郭),實際上幾乎未作相關的文字校訂,相反,誤字脱字甚多。所謂「校訂」,只是欲將當時流行的丘濬《文公家禮儀節》恢复至《家禮》本來的體裁,作爲校訂所用的版本似乎竝不具有什麽重要價值。對於其中的誤字及脱字,一一加以注記,反而會招致混亂,但爲了揭示該書之性格,本書附記了這些文字差異。此書的價值毋寧在於其中所附的注釋部分,今後在撰述《家禮》譯注之際會有一定的利用價值。

此外,包括宋版在内,周復本系統的版本(公、明、庫)將楊復等注作爲《家禮附録》一併列入卷末。又,「庫」本與「郭」本完全没有刊載圖。

二　兩種系統的版本

關於《家禮》的版本,大致説來,有兩個系統,謹説明如下。

兩種系統是指，周復五卷本的系統及《性理大全》本的系統，可作如下整理：

A　周復五卷本的系統——宋版、公善堂覆宋刊本、明版、四庫全書本、郭嵩燾本

B　《性理大全》的系統——纂圖集註本、朱子成書本、性理大全本、和刻本

關於這兩種系統之間的異同有許多案例，首先就B《性理大全》系統的最爲明顯的案例，列舉如下：

底本（宋）	（集、成、性、和）
啓櫝	搢笏啓櫝（本書七頁）
酹于茅上	酹于茅上，以盞盤授執事者出笏（八頁）
（闕）	古禮明日饗送從者，今從俗（六二頁）
爲甥也。爲從母，謂母之姊妹也。爲姊妹之子也	爲甥（也），謂姊妹之子也。爲從母，謂母之姊妹也（九六頁）
使其主祭告訖，題	告畢改題（一五八頁）
祖前稱孝孫	（闕）（一八四頁）
初祖	始祖（一九七、一九九頁）

可見，有不少僅見於「集」、「成」、「性」、「和」四本一致的字句，這就説明這四個本子屬於同一系統的版本。

另一方面，如上述案例所示，重要的是，A周復本系統的各本都與底本(宋)一致。也就是説，「宋」、「公」、「明」、「庫」、「郭」各本，又自成一種系列。這裏須注意的是，在這些A系統的各本當中，「明」、「庫」、「郭」三本以及「明」、「庫」二本，彼此之間具有密切的關係。以下試列若干案例：

底本(宋)	(明、庫、郭)
東面	東向(三八頁)
西面	西向(三九頁)
乃降	賓降　(成、性、和)作「賓乃降」(三九頁)
慰禮	慰意(一〇二頁)
孝子某官某，敢昭告於皇考某官府君、皇妣某封某氏	(闕)(二〇三頁)

底本（宋）	（明、庫）
某郡姓名	具位姓名（一六五頁）
奠即云奠	禭奠隨事（一六六頁）
降等叩首	降等去言（一六八頁）
須似	須是（附録二三〇頁）
有事	有是（附録二三七頁）

其中，由上面一組可知，郭嵩燾本的底本不是宋版而是四庫全書本或明版，由下面一組可知，四庫全書本的底本亦非宋版而是明版。另按，后一組案例中的「具位姓名」與「禭奠隨事」，《性理大全》本亦同，然而這或許是明版參照《性理大全》本的結果。由此可知的是，明版基本上根據宋版，但同時也汲取了部份B系統的版本，而成爲四庫全書本及郭嵩燾本的藍本。

另一方面，在B《性理大全》系統的版本中，「成」、「性」、「和」三本以及「性」、「和」二本，彼此亦有很近的關係。下列案例便説明了這一點：

底本〔宋〕	〔成、性、和〕
升屋中霤	自前榮升屋中霤（六八頁）
香合、珓杯	合盞（七七頁）
帥	率（一五三頁、二處）
聞喪　奔喪	聞喪　奔喪　治葬（一〇三頁）
治葬	（闕）（一〇八頁）

在上述案例中特別引人注目的是，「聞喪　奔喪」與「治葬」在宋版中被分章處理，而在「成」、「性」、「和」當中則成一章。這説明在B系統當中，「成」、「性」、「和」三本具有很强的繼承關係。

此外，僅「性」、「和」兩本互相一致的顯例則可列舉如下：

底本〔宋〕	〔性、和〕
降等不用年	（闕）（一六四頁）
降等即用面簽，云「某人靈筵　具位姓某狀。謹封」	（闕）（一六五頁）

續表

奉毛血、首心	瘞毛血，奉首心（一九九頁）
（闕）	牲用彘則曰剛鬣（一八四頁）

另須注意的是，只有這兩個本子均將底本的「司馬公」作「司馬温公」。

由此可見，和刻本所用之底本乃是B系統特别是《性理大全》本之系統的版本。和刻本爲五卷本，體裁上與A周復本系統類似，但是，版本内容則屬於B《性理大全》本系統。不過，在和刻本欄外的校記中，有個别地方採用了《性理大全》所附的校勘，故其底本似非《性理大全》本。若此，我們可以推測和刻本是以依據《性理大全》本而成立的五卷本作爲自身的底本。

又，和刻本在卷首載有與《性理大全》本相同的《家禮圖》，此可見和刻本屬於《性理大全》系統之版本則可無疑。

三　凡例

關於《家禮》校勘的凡例，如下所示：

一、首先示以底本即宋版正文，繼而在頁末注明各本的文字差異。即便顯是誤字，亦不避繁冗予以注明。

二、宋版正文有字跡漫漶不清者，據公善堂本及明版補之。

三、正文所附小注，改行降一字。

四、宋版中，有將正文列爲雙行注的情況，這大多是由於刻版的版面關係而導致的。對此，將作爲正文而不作爲注來處理。

五、斷句一依《性理大全》本。引文部份另加「　」或『　』。另爲方便閱讀，據文意適當改行。

六、俗字及異體字不一一注明。如下所示，用上列字而不用下列字。又，「於」、「于」等字，大多通用，省去校勘。

禮—礼　竝—並　期—朞　稱—称　鑑—鑒　昏—昬　酬—酧　卻—却

算—筭　腳—脚　無—无　盡—尽　聲—声　氈—氊　怪—恠　禰—祢

辭—辤　稟—禀　況—况　皋—臯　爐—炉　攜—擕　體—体　徇—狥

巹—卺　⿰巾瓦—⿰巾叚　壅—⿰土雍　敍—叙敘

七、如上所述，收《家禮附録》者有「宋」及「公」、「明」、「庫」四本。「性」本將《家禮附録》所收楊復等注分散置於各條之下，引用方式詳略不同，不能作爲校勘之用。因此，關於《家禮附録》，若是底本「宋」本與「公」、「明」、「庫」本之間有文字差異，注明與「性」本的異同。

八、《家禮附録》中的六圖，用公善堂本（公），這是因爲宋版所載圖像有失鮮明之故，當然就圖的内容本身看，宋版與公善堂本完全一致。

九、目録部分，一依底本，添入少許文字，爲讀者便利故。

序

黄　榦〔一〕

昔者聞諸先師曰：「禮者，天理之節文，人事之儀則也。」蓋自天高地下，萬物散殊，而禮之制已存乎其中矣。於五行則爲火，於四序則爲夏，於四德則爲亨，莫非天理之自然而不可易。人稟五常之性以生，則禮之體始具於有生之初。形而爲恭敬辭遜，著而爲威儀度數，則又皆人事之當然而不容已也。聖人沿人情而制禮，既本於天理之正。隆古之世，習俗醇厚，亦安行於是理之中。

世降俗末，人心邪僻，天理堙晦，於是始以禮爲强世之具矣。先儒取其施於家者，著爲一家之書，爲斯世慮至切也。晦庵朱先生，以其本末詳略猶有可疑，斟酌損益，更爲《家禮》，務從本實，以惠後學。蓋以天理不可一日而不存，則是禮亦不可一日而或缺也。先

〔一〕 編者按：此標題與撰者名爲編者所加。

生教人，自格物致知、誠意正心，以脩〔一〕其身，皆所以正人心，復天理也，則禮其可緩與。迨其晚年，討論家鄉侯國王朝之禮，以復三代之墜典，未及脱藁，而先生歿矣。此百世之遺恨也。則是書已就而切於人倫日用之常，學者其可不盡心與。

趙君師恕之宰餘杭也，迺取是書鋟諸木以廣其傳〔二〕。蓋有意乎武城絃歌之遺事。學者得是書而習之，又於先生所以教人者深致意焉。然後知是書之作，無非天理之自然，人事之當然，而不可一日缺也。見之明，信之篤，守之固，禮教之行庶乎有望矣。嘉定丙子夏至，門人黄榦敬書〔三〕。

〔一〕「脩」字，黄榦《勉齋集》作「修」。

〔二〕「以廣其傳」四字，《勉齋集》作「以廣傳」。

〔三〕黄榦序文，公、集、成、性、明、庫、郭、和等諸本均闕。

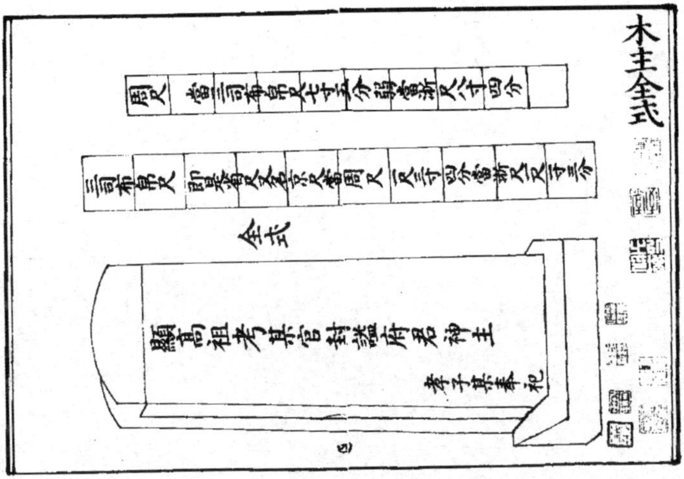

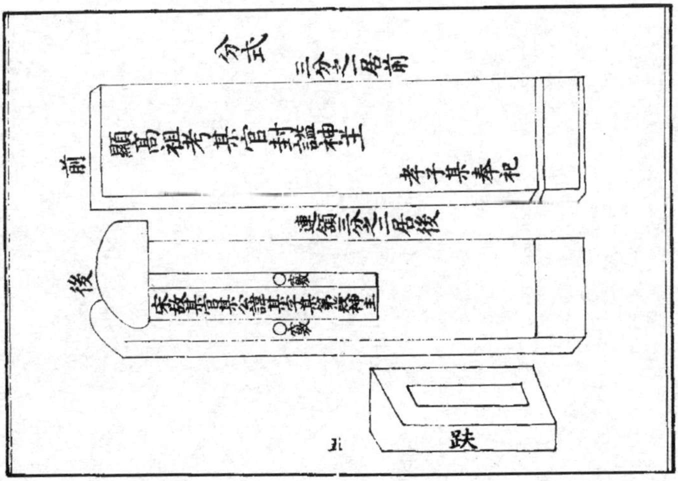

（編者按：此兩圖，公本、庫本、郭本均闕）

識語

潘時舉〔一〕

伊川程先生云：「作主用栗，取法於時月日〔二〕辰。趺方四寸，象歲之四時。高尺有二寸，象十二月。身博三十分，象月之日。厚十二分，象日之辰身趺皆厚一寸二分。剡上五分爲圓首，寸之下勒前爲頷〔三〕而判之，一居前，二居後前四分，後八分。陷中以書爵姓名行曰〔四〕宋〔五〕故某官某公諱某字某第幾神主。陷中長六寸，闊一寸，合之植於趺身去〔六〕趺上一尺八分，并趺高一尺二寸。竅其旁以通中，如身厚三之一謂圓徑四分，居二分之上謂在七寸二分之上。粉塗其前，以書屬稱

〔一〕編者按：此標題與撰者名爲編者所加。
〔二〕「月日」二字，成、性、和本作「日月」二字。
〔三〕「頷」字，成、性本作「額」字。
〔四〕「曰」字，成、性、和本作「書曰」二字。
〔五〕「宋」字，程、成、性、和本闕。
〔六〕「去」字，程、成、性、和本作「出」字。

屬謂高曾祖考，稱謂官或號行，如處士秀才幾郎幾公〔一〕，旁題主祀之名曰孝子某奉祀。加贈易世，則筆滌而更之水以洒〔二〕廟牆，外改，中不改。」

程先生木主之制，取象甚精，可以爲萬世法。然用其制者多失其真，往往不考〔三〕周尺〔四〕之長短故也。蓋周尺當今省尺七寸五分弱，而《程氏文集》與《温公書儀》多誤注〔五〕爲五寸五分弱，而所謂省尺者亦莫知其爲何尺。時舉舊嘗質之晦翁先生。答云：「省尺乃是京尺，温公有圖子。所謂三司布帛尺者是也。」繼從會稽司馬侍郎家求得此圖。其間有古尺數等，周尺居其右，三司布帛尺居其左。以周尺校之布帛尺，正是七寸五分弱。於是造主之制始定。今不敢自隱，因圖主式及二尺長短，而著伊川之説於其旁，庶幾用其制者可以曉然無惑也。嘉定癸酉季秋乙卯，臨海潘時舉仲善父識。

〔一〕「公」字，程本作「翁」字。
〔二〕「洒」字，程、成、性、明、和本作「灑」字。
〔三〕「考」字，成、性、和本作「攷」字。
〔四〕「周」字，成、性、和本作「用」字。
〔五〕「注」字，性、和本作「註」字。

家禮敍〔一〕

朱　熹〔二〕

凡禮，有本有文。自其施於家者言之，則名分之守、愛敬之實，其本也。冠昏〔三〕喪祭儀章度數者，其文也。其本者，有家日用之常體，固不可以一日而不脩〔四〕。其文又皆所以紀綱人道之始終〔五〕，雖其行之有時、施之有所，然非講之素明、習之素熟，則其臨事之際，亦無以合宜而應節，是亦〔六〕不可以〔七〕一日而不講且習焉者〔八〕也。

〔一〕「敍」字，朱、和本作「序」字。
〔二〕編者按：「朱熹」二字爲編者所加。
〔三〕「昏」字，明、庫本作「婚」字。
〔四〕「脩」字，性、郭本作「修」字。
〔五〕「始終」二字，朱、和校作「終始」二字。
〔六〕「亦」字，朱、和校闕。
〔七〕「以」字，成、性本闕。
〔八〕「者」字，朱本闕。

三代之際，禮經備矣。然其存於今者，宮廬器服之制、出入起居之節，皆已不宜於世。世之君子，雖或酌以古今之變，更爲一時之法，然亦或詳或略，無所折衷，至或遺其本而務其末，緩於實而急於文。自有志好禮之士，猶或不能舉其契〔一〕，而困於貧窶者，尤患其終不能有以及於禮也。

熹之愚，蓋兩病焉。是以嘗獨究〔二〕觀古今之籍〔三〕，因其大體之不可變者而少加損益於其間，以爲一家之書。大抵謹名分、崇愛敬以爲之本，至其施行之際，則又略浮文、務〔四〕本實，以竊自附於孔子從先進之遺意。誠願得與同志之士熟講而勉行之，庶幾古人所以脩〔五〕身齊家之道、謹終追遠之心，猶可以復見，而於國家所以崇〔六〕化導民之意，亦或有小補云〔七〕。

〔一〕「契」字，公、成、性、庫、郭、和本作「要」字。
〔二〕「究」字，朱本闕。
〔三〕「籍」字，和本作「藉」字。
〔四〕「務」字，朱、郭本作「敦」字，成、性本作「敷」字。
〔五〕「脩」字，庫、郭本作「修」字。
〔六〕「崇」字，朱、和校作「敦」字。
〔七〕「小補云」，集本後有「新安朱熹仲晦父書」八字。

家禮第一〔一〕

朱　氏〔二〕

通　禮〔三〕

此篇所著，皆所謂有家日用之常體，不可一日而不脩〔四〕者。

祠　堂

此章本合在《祭禮》篇。今以報本反始之心，尊祖敬宗之意，實有家名分之守〔五〕，

〔一〕「家禮第一」四字，集本作「文公家禮卷第一」七字，性本作「家禮一」三字，庫本作「家禮卷一」四字，郭本作「朱子家禮卷一」六字，和本作「家禮卷之一」五字，成本闕。

〔二〕「朱氏」二字，集、成、性、郭、和本闕，庫本作「宋朱子撰」四字。

〔三〕「通禮」二字，集本作「通禮第一」四字。

〔四〕「脩」字，庫、郭本作「修」字。

〔五〕「守」字，庫本作「首」字。

所以開業傳世之本也，故特著此，冠于篇端，使覽者知所以先立乎其大者。而凡後篇所以〔一〕周旋升降出入向背之曲折，亦有所據以攷〔二〕焉。然古之廟制不見於經，且今士庶人之賤，亦有所不得爲者。故特以祠堂名之，而其制度亦多用俗禮云。

君子將營宮室，先立祠堂於正寢之東。

祠堂之制三間。外爲中門，中門之外爲兩階，皆三級。東曰阼階，西曰西階，階下隨地廣狹以屋覆之，令可容家衆敍立。又爲遺書、衣物、祭器庫及神廚於其東。繚以周垣，別爲外門，常加扃閉。若家貧地狹，則止爲〔三〕一間，不立廚庫，而東西壁下置立兩櫃，西藏遺書、衣物，東藏祭器亦可。正寢，謂前堂也。地狹則於聽事之東亦可。

凡祠堂所在之宅，宗子世守之，不得分析。

○凡屋之制，不問何向背，但以前爲南，後爲北，左爲東，右爲西。後皆放〔四〕此。

〔一〕「所以」二字，郭本闕。

〔二〕「攷」字，集、庫、郭本作「考」字。

〔三〕「爲」字，成、性、和本作「立」字。

〔四〕「放」字，集、郭本作「倣」字。

爲四龕以奉先世之神主。

祠堂之内，以近北一架爲四龕。每龕内置一卓。大宗及繼高祖之小宗，則高祖居西，曾祖次之，祖次之，父次之。繼曾祖之小宗，則不敢祭高祖，而虚其西龕一。繼祖之小宗，則不敢祭曾祖，而虚其西龕二。繼禰之小宗，則不敢祭祖，而虚其西龕三。若大宗世數未滿，則亦虚其西龕，如小宗之制。

神主皆藏於櫝中，置於卓上，南向。龕外各垂小簾，簾外設香卓於堂中，置香爐〔一〕香合〔二〕於其上。兩階之間，又設香卓，亦如之。

非嫡長子，則不敢祭其父。若與嫡長同居，則死而後其子孫爲立祠堂於私室，且隨所繼世數爲龕，俟其出而異居，乃備其制。若生而異居，則預〔三〕於其地立齋以居，如祠堂之制，死則因以爲祠堂。

○主式見《喪禮·治葬》章〔四〕。

〔一〕「爐」字，郭本作「鑪」字。

〔二〕「合」字，性、和本作「盒」字。

〔三〕「預」字，郭本作「豫」字。

〔四〕「主式見喪禮治葬章」八字，成、性本作「主式見喪禮及前圖」八字，郭本闕。

旁親之無後者，以其班祔。

伯叔祖父母祔于高祖，伯叔父母祔于曾祖，妻若兄弟若兄弟之妻祔于祖，子姪祔于父，皆西向。主櫝竝如正位。姪之父自立祠堂，則遷而從之。

〇程子曰：「無服之殤不祭。下殤之祭，終父〔一〕母之身。中殤之祭，終兄弟之身。長殤之祭，終兄弟之子之身。成人而無後者，其祭終兄弟之孫之身。此皆以義起者也。」

置祭田，

初立祠堂，則計見田，每龕取其二十之一，以爲祭田。親盡則以爲墓田。後凡正位祔者〔二〕，皆放〔三〕此。宗子主之，以給祭用。上世初未置田，則合墓下子孫之田，計數而割之。皆立約聞官，不得典賣。

〔一〕「父」字，成本作「人」字。
〔二〕「祔者」二字，集、成、性、和本作「祔位」二字。
〔三〕「放」字，集、郭本作「倣」字。

具祭器。

牀席，倚卓，盥盆，火爐〔二〕，酒食之器，隨其合用之數，皆具貯於庫中而封鎖之，不得它〔三〕用。無庫則貯於櫃中。不可貯者，列於外門之内。

主人晨謁於大門之内。

主人，謂宗子，主此堂之祭者。晨謁，深衣，焚香再拜。

出入必告。

主人主婦，近出，則入大門，瞻禮而行。歸亦如之。經宿而歸，則焚香再拜。遠出經旬以上，則再拜焚香，告云「某將適某所，敢告」，又再拜而行。歸亦如之，但告云：「某今日歸自某所，敢見。」經月而歸，則開中門，立於階下，再拜，升自阼階，焚香，告畢，再拜，降，復位，再拜。餘人亦然，但不開中門。

〔二〕「爐」字，郭本作「鑪」字。

〔三〕「它」字，性、和本作「他」字。

○凡主婦，謂主人之妻。

○凡升降，惟主人由阼階。主婦及餘人，雖尊長，亦由西階。

○凡拜，男子再拜，則婦人四拜，謂之俠〔一〕拜。其男女相答拜，亦然。

正、至、朔、望則參。

正、至、朔、望前一日，灑掃〔二〕齊宿〔三〕。厥明，夙興，開門軸簾，每龕設新果一大盤於卓上，每位茶盞托〔四〕、酒盞盤各一於神主櫝前。設束茅、聚沙於香卓前，别設一卓於阼階上，置酒注盞盤一于其上，酒一缾〔五〕於其西。盥盆、帨巾各二於阼階下東南。有臺架者在西，爲主人親屬所盥，無者在東，爲執事者所盥。巾皆在北。主人以下，盛服入門就位。主人北面於阼階下，主婦北面於西階下。主人有母，則

〔一〕「俠」字，和本作「夾」字。

〔二〕「掃」字，郭本作「埽」字。

〔三〕「齊宿」二字，集、性、郭、和本作「齋宿」二字。

〔四〕「茶盞托」三字，郭本作「設茶盞托」四字。

〔五〕「缾」字，集、成、性、和本作「瓶」字。

特位於主婦之前。主人有諸父諸兄，則特位於主人之右少前，重行西上。有諸母姑嫂姊，則特位於〔一〕主婦之左少前，重行東上。諸弟在主人之右少退。子孫、外執事者，在主人之後，重行西上。主人弟之妻及諸妹在主婦之左，少退。子孫婦女、內執事者在主婦之後，重行東上。

立定，主人盥，帨，升，啓櫝〔二〕，奉諸考神主，置於櫝前。主婦盥，帨，升，奉諸妣神主，置於考東。次出祔主亦如之。命長子長婦或長女，盥，帨，升，分出諸祔主之卑者，亦如之。

皆畢，主婦以下先降復位。主人詣香卓前，降神，焚香〔三〕，再拜〔四〕。執事者盥，帨，升，開瓶，實酒于注。一人奉注，詣主人之右，一人執盞盤，詣主人之左。主人跪，執事

〔一〕「於」字，成、性本闕。
〔二〕「啓櫝」二字，集、成、性、和本作「搢笏啓櫝」四字。
〔三〕「焚香」二字，集、成、性、和本作「搢笏焚香」四字。
〔四〕「再拜」二字，集、成、性、和本作「再拜少退立」五字。

者皆跪。主人受注，斟酒，反注，取盞盤奉之。左執〔一〕盤，右執〔二〕盞，酹于茅上〔三〕，俛伏，興，少退，再拜，降，復位，與在位者皆再拜，參神。主人升〔四〕，執注斟酒。先正位，次祔位，次命長子斟諸祔位之卑者。主婦升，執茶筅〔五〕。執事者，執湯瓶隨之，點茶如前。命長婦或長女亦如之。子、婦、執事者，先降，復位。主人主婦〔六〕分立於香卓之前東西，再拜，降，復位，與在位者皆再拜，辭神而退。

○冬至，則祭始祖畢，行禮如上儀。

○望日，不設酒，不出主。主人點茶，長子佐之，先降。主人立於香卓之南，再拜乃降。餘如上儀。

○準禮，「舅没則姑老」，不預於祭。又曰「支子不祭」，故今專以世嫡宗子夫婦爲

〔一〕「執」字，和本作「取」字。

〔二〕「執」字，和本作「取」字。

〔三〕「酹于茅上」四字，集、成、性、和本後尚有「以盞盤授執事者出笏」九字。

〔四〕「主人升」三字，集、成、性、和本作「主人升搢笏」五字。

〔五〕「筅」字，郭本作「盞」字。

〔六〕「主人主婦」四字，集、成、性、和本作「主人出笏與主婦」七字。

主人主婦。其有母及諸父母兄嫂者，則設特位於前如此。

○凡言盛服者，有官則幞頭，公服，帶，靴，笏。進士則幞頭，襴衫，帶。處士則幞頭，皂衫，帶。無官者，通用帽子，衫，帶。又不能具，則或深衣，或涼衫。有官者，亦通服帽子以下，但不爲盛服。婦人則假髻，大衣〔二〕，長裙。女在〔三〕室者，冠子，背子。衆妾，假髻，背子。

俗節則獻以時食。

節，如清明、寒食、重午、中元、重陽之類，凡鄉俗所尚者。食如角黍，凡其節之所尚者，薦以大盤，間以蔬果。禮如正、至、朔日之儀。

有事則告。

如正、至、朔日之儀。但獻茶酒，再拜，訖，主婦先降，復位。主人立於香卓之南，祝

〔二〕「衣」字，集本作「衫」字。
〔三〕「在」字，庫本作「有」字。

執版立於主人之左，跪讀之，畢，興。主人再拜，降，復位。餘竝同。

○告授官，祝版云：「維年歲月朔日，子孝〔一〕某某官某〔二〕，敢昭告于皇〔三〕某親某官封謚府君，皇〔四〕某親某封某氏。某以某月某日，蒙恩授某官。奉承先訓，獲霑禄位。餘慶所及，不勝感慕。謹以酒果，用伸虔告。謹告。」貶降則言：「貶某官，荒墜先訓，皇〔五〕恐無地。」謹以後同〔六〕。若弟子，則言某之某某，餘同。

○告追贈，則止告所贈之龕。别設香卓於龕前，又設一卓於其東，置浄水、粉盞、刷子、硯、墨、筆〔七〕於其上。餘竝同。但祝版云：「奉某月某日制書，贈皇〔八〕某親某官，

〔一〕「子孝」二字，郭本作「孝子」二字。
〔二〕「子孝某某官某」六字，集、成、性、和本作「孝子某官某」五字。
〔三〕「皇」字，成、性、和本作「故」字。
〔四〕「皇」字，成、性、和本作「故」字。
〔五〕「皇」字，郭、和本作「惶」字。
〔六〕「謹以後同」四字，郭本作「謹告」二字。
〔七〕「硯墨筆」三字，和本作「硯筆墨」三字。
〔八〕「皇」字，成、性、和本作「故」字。

皇〔一〕某親某封。某奉承先訓，竊位于朝，祗奉恩慶，有此褒〔二〕贈。禄不及養，摧咽難勝。」謹以後同。若因事特贈，則别爲文以敍其意。告畢，再拜，主人進，奉主置卓上。執事者洗去舊字，别塗以粉，俟乾，命善書者改題所贈官封。陷中不改。洗水以灑〔三〕祠堂之四壁。主人奉主置故處，乃降復位。後同。

○主人生嫡長子，則滿月而見，如上儀。但不用祝。主人立於香卓之前，告曰：「某之婦某氏，以某月某日生子，名某。敢見。」告畢，立於香卓東南，西向。主婦抱子進，立〔四〕於兩階之間，再拜，主人乃降復位。後同。

○冠昏别見〔五〕本篇。

○凡言祝版者，用版長一尺，高五寸，以紙書文，黏於其上。畢則揭而焚之。其首

〔一〕「皇」字，成、性、和本作「故」字。
〔二〕「褒」字，和本作「封」字，和校稱「『封』一作『褒』」。
〔三〕「灑」字，集、成本作「洒」字。
〔四〕「立」字，庫本作「見」字。
〔五〕「别見」二字，集、成、性、和本作「則見」二字。

尾皆如前。但於皇〔一〕高祖考、皇〔二〕高祖妣，自稱孝元〔三〕孫，於皇〔四〕曾祖考、皇〔五〕曾祖妣，自稱孝曾孫，於皇〔六〕祖考、皇〔七〕祖妣，自稱孝孫，於皇〔八〕考、皇〔九〕妣，自稱孝子。有官封謚則皆稱之，無則以生時行第稱號加于府君之上，妣曰某氏夫人。凡自稱，非宗子不言孝。

○告事之祝，四龕〔一〇〕共爲一版。自稱以其最尊者爲主，止告正位，不告祔位，茶酒則并設之。

〔一〕「皇」字，成、性、和本作「故」字。
〔二〕「皇」字，成、性、和本作「故」字。
〔三〕「元」字，郭本作「玄」字。
〔四〕「皇」字，成、性、和本作「故」字。
〔五〕「皇」字，成、性、和本作「故」字。
〔六〕「皇」字，成、性、和本作「故」字。
〔七〕「皇」字，成、性、和本作「故」字。
〔八〕「皇」字，成、性、和本作「故」字。
〔九〕「皇」字，成、性、和本作「故」字。
〔一〇〕「龕」字，集、成、性、和本作「代」字。

或有水火盜賊，則先救祠堂，遷神主、遺書，次及祭器，然後及家財。易世則改題主[二]而遞遷之。

改題遞遷，禮見《喪禮・大祥章》。大宗之家，始祖親盡則藏其主於墓所。而大宗猶主其墓田，以奉其墓祭，歲率宗人一祭之，百世不改。其第二世以下祖親盡，及小宗之家高祖親盡，則遷其主而埋之。其墓田則諸位迭掌，而歲率其子孫一祭之，亦百世不改也。

深衣制度[三]

此章本在《冠禮》之後。今以前章已有其文，又平日之常服，故次前章。

裁用白細布，度用指尺。

中指中節爲寸。

[二]「主」字，郭本作「神主」二字。
[三]「深衣制度」，郭本此章闕。

衣全四幅，其長過脇，下屬於裳。

用布二幅，中屈下垂，前後共爲四幅，如今之直領衫，但不裁破腋下。其下過脇而屬於裳處，約圍七尺二寸，每幅屬裳三幅。

裳交解十二幅，上屬於衣，其長及踝。

用布六幅，每幅裁爲二幅，一頭廣，一頭狹，狹頭當廣頭之半。以狹頭向上而聯〔一〕其縫，以屬於衣。其屬衣處，約圍七尺二寸，每三幅屬衣一幅。其下邊及踝處，約圍丈四尺四寸。

圓袂，

用布二幅，各中屈之，如衣之長。屬於衣之左右而縫合〔二〕其下以爲袂。其本之廣，如衣之長，而漸圓殺之以至袂口，則其徑一尺二寸。

〔一〕「聯」字，集、成、性、和本作「連」字。

〔二〕「縫合」二字，和本作「合縫」二字。

方領，

兩襟相掩，衽在腋下，則兩領之會自方。

曲裾，

用布一幅，如裳之長。交解裁之，如裳之制。但以廣頭向上，布邊向外，左掩其右，交映垂之，如燕尾狀。又稍裁其内旁太〔一〕半之下，令漸如魚腹，而末爲〔二〕鳥喙，内向綴於裳之右旁〔三〕。

黑緣，

緣用黑繒，領表裏各二寸。袂口、裳邊表裏各一寸半。袂口布外，别此緣之廣。

〔一〕「太」字，集、庫、和本作「大」字。

〔二〕「爲」字，和本作「如」字。

〔三〕「内向綴於裳之右旁」句，集、成、性、和本後有「禮記，深衣續衽鉤邊，鄭註，鉤邊如今曲裾」一句，集本爲小字注，「註」字，成本作「注」字，「如」字，集、成、性本作「若」字。

大帶，帶用白繒。廣四寸，夾縫之。其長圍腰而結於前，再繚之爲兩耳，乃垂其餘爲紳，下與裳齊，以黑繒飾其紳。復以五采條廣三分，約其相結之處，長與紳齊。

緇冠，糊紙爲之。武高寸許，廣三寸，袤四寸。上爲五梁，廣如武之袤而長八寸，跨頂前後，下著於武。屈其兩端各半寸，自外向内而黑漆之。武之兩旁半寸之上，竅以受笄。笄用齒骨凡白物。

幅巾，用黑繒六尺許，中屈之。右邊就屈處爲橫輒，左邊反屈之。自輒左四五寸間，斜縫向左，圓曲而下，遂循左邊，至于兩末，復反所縫餘繒，使之向裏。以輒當額前裏〔二〕之。

〔二〕「裏」字，成、性、和本作「褁」字。

至兩髻〔一〕旁，各綴一帶，廣二寸，長二尺，自巾外過頂〔二〕後，相結而垂之。

黑履。

白絇繶純綦。

司馬氏居家雜儀

此章本在《昏禮》之後。今按此乃家居平日之事，所以正倫理、篤恩愛者，其本皆在於此。必能行此〔三〕，然後其儀章度數有可觀焉。不然，則節文雖具，而本實無取，君子所不貴也。故亦列於首篇，使覽者知所先焉。

凡爲家長，必謹守禮法，以御羣子弟及家衆。分之以職謂使之掌倉廩、廄庫、庖廚、舍業、

〔一〕「髻」字，集本作「耳」字，成、性本作「鬢」字。
〔二〕「頂」字，和本作「項」字。
〔三〕「此」字，和本作「之」字。

田園之類〔一〕，授之以事謂朝夕所幹及非常之事〔二〕，而責其成功。制財用之節，量入以爲出，稱家之有無，以給上下之衣食及吉凶之費，皆有品節而莫不均壹。裁省冗費，禁止奢華，常須稍存贏餘，以備不虞。

凡諸卑幼，事無大小，毋得專行，必咨稟於家長。

《易》曰：「家人有嚴君焉，父母之謂也。」安有嚴君在上而其下敢直行自恣不顧者乎。雖非父母，當時爲家長者，亦當咨稟而行之，則號令出於一人，家政始可得而治矣〔三〕。

凡爲子，爲婦者，毋得蓄私財。俸禄及田宅所入，盡歸之父母舅姑。當用則請而用之，不敢私假，不敢私與。

〔一〕「謂使之……田園之類」句，郭本闕此注。
〔二〕「謂朝夕所幹及非常之事」句，郭本闕此注。
〔三〕「易曰……可得而治矣」句，郭本闕此注。

《內則》曰〔一〕：「子婦無私貨，無私畜〔二〕，無私器，不敢私假，不敢私與。婦或賜之飲食、衣服、布帛、佩帨、茝蘭，則受而獻諸舅姑。舅姑受之則喜，如新受賜。若反賜之則辭。不得命，如更受賜，藏之以待乏。」鄭康成曰：「待舅姑之乏也。不得命者，不見許也。」又曰：「婦若有私親兄弟將與之，則必復請其故賜，而后〔三〕與之。」夫人子之身，父母之身也。身且不敢自有，況敢有私財〔四〕乎。若父子異財，互相假借，則是有子富而父母貧者，父母飢〔五〕而子飽者。賈誼所謂「借父耰鉏，慮有德色，母取箕箒，立而誶語」。不孝不義，孰甚於此。茝，昌改切。耰，音憂。誶音碎。

凡子事父母孫事祖父母同〔六〕，婦事舅姑孫婦亦同〔七〕，天欲明，咸起盥音管，洗手也〔八〕漱，櫛

〔一〕「內則曰」以下注，郭本闕此注。
〔二〕「畜」字，成、性、庫、和本作「蓄」字。
〔三〕「后」字，成、性、庫、和本作「後」字。
〔四〕「私財」二字，成、性、庫、和本作「財帛」二字。
〔五〕「飢」字，庫本作「饑」字。
〔六〕「孫事祖父母同」句，郭本闕此注。
〔七〕「孫婦亦同」句，郭本闕此注。
〔八〕「音管，洗手也」句，郭本闕此注。

阻瑟切，梳頭也〔二〕總所以束髮，今之頭𦄵〔三〕，具冠帶丈夫，帽子、衫帶。婦人，冠子、背子〔三〕。

昧爽謂天明暗相交之際〔四〕，適父母舅姑之所，省問。

丈夫唱喏〔五〕，婦人道萬福。仍問侍者，夜來安否何如。侍者曰安，乃退。其或不安節，則侍者以告。此即禮之晨省也。

父母舅姑起，子供藥物。

藥物〔六〕乃關身之切務，人子當親自檢數調煮供進，不可但委婢僕。脱若有誤，即其禍不測。

〔二〕「阻瑟切，梳頭也」句，郭本闕此注。
〔三〕「所以束髮，今之頭𦄵」句，郭本闕此注。
〔三〕「丈夫，帽子、衫帶。婦人，冠子、背子」句，郭本闕此注。
〔四〕「謂天明暗相交之際」句，郭本闕此注。「相交之際」四字，和本作「交際之時」四字。
〔五〕「丈夫唱喏……禮之晨省也」段，郭本闕此注。
〔六〕「藥物……其禍不測」段，郭本闕此注。

婦具晨羞，

俗謂〔一〕點心。《易》曰：「在中饋。」《詩》云：「惟酒食是議。」凡烹調飲膳，婦人之職也。近年婦女驕倨，皆不肯入庖廚。今縱不親執刀匕，亦當檢校監視，務令精潔。

供具畢，乃退，各從其事。將食，婦請所欲於家長謂父母舅姑，或當時家長也。卑幼各不得恣所欲〔二〕，退具而共〔三〕之。尊長舉筯，子婦乃各退就食。丈夫婦人各設食於他所，依長幼而坐。其飲食，必均壹。幼子又食於他所，亦依長幼席地而坐。男坐於左，女坐於右。及夕食亦如之。既夜，父母舅姑將寢，則安置而退丈夫唱喏，婦人道安置。此即禮之昏定也〔四〕。

〔一〕「俗謂……務令精潔」段，郭本闕此注。

〔二〕「謂父母舅姑……不得恣所欲」段，郭本闕此注。

〔三〕「共」字，集、成、性、郭、和本作「供」字。

〔四〕「丈夫唱喏……禮之昏定也」段，郭本闕此注。

居閑無事，則侍於父母舅姑之所，容貌必恭，執事必謹，言語應對，必下氣怡聲。出入起居，必謹扶衛之。不敢涕唾喧呼於父母舅姑之側。父母舅姑不命之坐，不敢坐。不命之退，不敢退。

凡子受父母之命，必籍記而佩之，時省而速行之。事畢則返命焉。或所命有不可行者，則和色柔聲，具是非利害而白之，待父母之許，然後改之。若不許，苟於事無大害者，亦當曲從。若以父母之命爲非而直行己志，雖所執皆是，猶爲不順之子。況未必是乎。

凡父母有過，下氣怡色柔聲以諫。諫若不入，起敬起孝。悦則復諫。不悦，與其得罪於鄉黨州閭，寧熟諫。父母怒，不説〔一〕而撻之流血，不敢疾怨，起敬起孝。

〔一〕「説」字，集、成、性、庫、郭、和本作「悦」字。

凡爲人子弟者，不敢以貴富〔一〕加於父兄宗族加謂恃其富貴，不率卑幼之禮〔二〕。

凡爲人子者，出必告，反必面。有賓客，不敢坐於正廳有賓客，坐於書院。無書院，則坐於廳之旁側〔三〕。升降不敢由東階，上下馬不敢當廳。凡事不敢自擬於其父。

凡父母舅姑有疾，子婦無故不離側，親調嘗藥餌而供之。父母有疾，子色不滿容，不戲笑，不宴遊，舍置餘事，專以迎醫檢方合藥爲務。疾已，復初。

《顔氏家訓》曰〔四〕：「父母有疾，子拜醫以求藥。」蓋以醫者親之存亡所繫，豈可傲忽也。

凡子事父母，父母所愛，亦當愛之。所敬，亦當敬之。至於犬馬盡然，而況於人乎。

〔一〕「貴富」二字，集、郭本作「富貴」二字。

〔二〕「加謂恃其富貴，不率卑幼之禮」句，郭本闕此注。

〔三〕「有賓客……廳之旁側」段，郭本闕此注。

〔四〕「《顔氏家訓》曰……豈可傲忽也」段，郭本闕此注。

凡子事父母，樂其心，不違其志，樂其耳目，安其寢處，以其飲食，忠養之。幼事長，賤事貴，皆倣此。

凡子婦未敬未孝，不可遽有憎疾，姑教之。若不可教，然後怒之。若不可怒，然後笞之。屢笞而終不改，子放婦出，然亦不明言其犯禮也。子甚宜其妻，父母不悦，出。子不宜其妻，父母曰「是善事我」，子行夫婦之禮焉，没身不衰〔一〕。

凡爲宫室，必辨内外，深宫固門。内外不共井，不共浴堂，不共厠。男治外事，女治内事。男子，晝無故不處〔二〕私室，婦人，無故不窺中門。男子夜行以燭，婦人有故出中門，必擁蔽其面如蓋頭、面帽之類〔三〕。男僕，非有繕修及有大故謂

〔一〕「子不宜其妻……没身不衰」二十三字，郭本闕。

〔二〕「處」字，和本作「居」字。

〔三〕「如蓋頭、面帽之類」句，郭本闕此注。

水火盜賊之類〔一〕，不入中門。入中門，婦人必避之，不可避亦謂如水火盜賊之類〔二〕，亦必以袖遮其面。女僕，無故不出中門。有故出中門，亦必擁蔽其面雖小婢，亦然〔三〕。鈴下蒼頭，但主通内外之言，傳致内外之物，毋得輒升堂室入〔四〕庖廚。

凡卑幼於尊長，晨亦省問，夜亦安置丈夫唱喏，婦人道萬福安置〔五〕。坐而尊長過之則起，出遇尊長於塗則下馬。不見尊長，經再宿以上則再拜，五宿以上則四拜。賀冬至正旦，六拜，朔望，四拜。凡拜數，或尊長臨時減而止之，則從尊長之命〔六〕。

吾家同居宗族衆多，冬至〔七〕、朔、望，聚於堂上此假設南面之堂。若宅舍異制，臨時從宜。丈

〔一〕「謂水火盜賊之類」句，郭本闕此注。
〔二〕「亦謂如水火盜賊之類」句，郭本闕此注。
〔三〕「雖小婢，亦然」句，郭本闕此注。
〔四〕「入」字，郭本作「輒入」二字。
〔五〕「丈夫唱喏，婦人道萬福安置」句，郭本闕此注。
〔六〕「五宿以上……則從尊長之命」三十六字，郭本闕。
〔七〕「冬至」二字，公、明、庫本作「冬正」二字。

夫處左，西上，婦人處右，東上左右謂家長之左右，皆北向，共爲一列，各以長幼爲序婦以夫之長幼爲序，不以身之長幼爲序。共拜家長畢，長兄立於門之左，長姊立於門之右，皆南向。諸弟妹以次拜訖，各就列。丈夫西上，婦人東上，共受卑幼拜以宗族多，若人人致拜則不勝煩勞，故同列共受之。受拜訖，先退。後輩立受拜於門東西，如前輩之儀。若卑幼自遠方至，見尊長，遇尊長三人以上同處者，先共再拜，敍寒暄，問起居訖，又三再拜而止晨夜，唱喏，萬福安置。若尊長三人以上同處，亦三而止，皆〔一〕所以避煩也。

凡受女壻〔二〕及外甥拜，立而扶之扶謂搊策〔三〕。外孫則立而受之可也。

凡節序及非時家宴，上壽於家長，卑幼盛服序立，如朔望之儀。先再拜〔四〕，子

〔一〕「皆」字，成、性、和本闕。
〔二〕「壻」字，成本作「婿」字。
〔三〕「扶謂搊策」四字，郭本闕此注。
〔四〕「先再拜……還復就坐」部分，郭本闕。

弟之最長者一人進，立於家長之前，幼者一人搢笏，執酒盞，立於其左，一人搢笏，執酒注，立於其右。長者搢笏，跪，斟酒，祝曰：「伏願某官備膺五福，保族宜家。」尊長飲畢，授幼者盞注，反其故處。長者出笏，俛伏，興，退，與卑幼皆再拜。家長命諸卑幼坐，皆再拜而坐。家長命侍者偏酢諸卑幼，諸卑幼皆起，序立〔一〕如前，俱再拜。就坐，飲訖，家長命易服。皆退易便服，還復就坐。

凡子始生，若爲之求乳母，必擇良家婦人稍温謹者乳母不良，非惟敗亂家法，兼令所飼之子性行亦類之〔二〕。子能食，飼之〔三〕，教以右手。子能言，教之自名及唱喏、萬福安置。稍有知，則教之以恭敬尊長。有不識尊卑長幼者，則嚴訶禁〔四〕之。

〔一〕「序立」二字，和本作「敍立」二字。

〔二〕「乳母不良，非惟敗亂家法，兼令所飼之子性行亦類之」句，郭本闕此注。

〔三〕「飼之」二字，郭本作「食」字。

〔四〕「訶禁」二字，和本作「呵禁」二字。

古有胎教〔一〕，況於已生。子始生未有知，固舉以禮，況於已有知。孔子曰：「幼成若天性，習慣如自然。」《顏氏家訓》曰：「教婦初來，教子嬰孩。」故於其始有知，不可不使之知尊卑長幼之禮。若侮詈父母，毆擊兄姊，父母不加〔二〕訶禁，反笑而獎之，彼既未辨好惡，謂禮當然，及其既長，習已〔三〕成性，乃怒而禁之，不可復制。於是父疾其子，子怨其父，殘忍悖逆，無所不至。蓋父母無深識遠慮，不能防微杜漸，溺於小慈，養成其惡故也。

六歲，教之數謂一十百千萬〔四〕與方名謂東西南北〔五〕，男子始習書字，女子始習女工之小者。七歲，男女不同席，不共食。始誦〔六〕《孝經》、《論語》，雖女子亦宜誦之。自七歲以下，謂之孺子，早寢晏起，食無時。

〔一〕「古有胎教……養成其惡故也」段，郭本闕此注。
〔二〕「加」字，和本作「知」字。
〔三〕「已」字，性、和本作「以」字。
〔四〕「謂一十百千萬」句，郭本闕此注。
〔五〕「謂東西南北」句，郭本闕此注。
〔六〕「誦」字，和本作「讀」字。

八歲，出入門户及即席飲食，必後長者。始教之以廉讓〔一〕。男子誦《尚書》，女子不出中門。

九歲，男子誦《春秋》及諸史，始爲之講解〔二〕，使曉義理。女子亦爲之講解《論語》、《孝經》及《列女傳》、《女戒》之類，略曉大意古之賢女，無不觀圖史以自鑑。如曹大家之徒，皆精通經術，議論明正。今人或教女子以作歌詩、執俗樂，殊非所宜也〔三〕。

十歲，男子出就外傅，居宿於外。讀《詩》、《禮》〔四〕，傅爲之講解，使知仁義禮知〔五〕信。自是以往，可以讀《孟》、《荀》、《楊子》〔六〕，博觀羣書。凡所讀書，必

〔一〕「廉讓」二字，性、郭、和本作「謙讓」二字。
〔二〕「講解」二字，和本作「講説」二字。
〔三〕「古之賢女……非所宜也」段，郭本闕此注。
〔四〕「讀詩禮……楊子」二十五字，郭本闕此部分。
〔五〕「知」字，和本作「智」字。
〔六〕「楊子」二字，性、和本作「揚子」二字。

擇其精要者而讀之如《禮記》:《學記》、《大〔一〕學》、《中庸》、《樂記》之類。它〔二〕書倣此〔三〕。其異端非聖賢之書,傳宜禁之,勿使妄觀以惑亂其志。觀書皆通,始可學文辭〔四〕。女子則教以婉娩娩,音晚。婉娩,柔順貌〔五〕聽從,及女工之大者女工謂蠶桑織績裁縫及爲飲膳,不惟正是婦人之職,兼欲使之知衣食所來之艱難,不敢恣爲奢麗。至於纂組華巧之物,亦不必習也〔六〕。未冠笄者〔七〕,質明而起,總角,靧靧,音悔,洗面也面,以見尊長,佐長者供養。祭祀則佐執酒食。若既冠笄,則皆責以成人之禮,不得復言童幼矣。

〔一〕「大」字,公本作「太」字。
〔二〕「它」字,成、性、和本作「他」字。
〔三〕「如《禮記》……它書倣此」段,郭本闕此注。
〔四〕「觀書皆通,始可學文辭」句,郭本闕此注。
〔五〕「娩,音晚。婉娩,柔順貌」段,郭本闕此注。
〔六〕「女工謂……亦不必習也」段,郭本闕此注。
〔七〕「未冠笄者……不得復言童幼矣」段,郭本闕此段。

凡内外僕妾，雞初鳴咸起，櫛總，盥漱，衣服。男僕，灑掃〔一〕廳事及庭，鈴下蒼頭灑掃〔二〕中庭。女僕灑掃〔三〕堂室〔四〕，設倚卓，陳盥漱櫛靧之具。主父、主母〔五〕既起，則拂牀襞襞，音壁，疊衣也〔六〕衾，侍立左右，以備使令，退而具飲食。得間則浣濯紉縫，先公後私。及夜，則復拂牀展衾。當晝，内外僕妾，惟主人之命，各從其事，以供百役。

凡女僕〔七〕，同輩謂兄弟所使謂長者爲姊，後輩謂諸子舍所使謂前輩爲姨《内則》云：「雖婢妾，衣服飲食必後長者。」鄭康成曰：「人貴賤不可以無禮。故使之序長幼。」。務相雍睦，其有鬭争者，主

〔一〕「掃」字，郭本作「埽」字。
〔二〕「掃」字，郭本作「埽」字。
〔三〕「掃」字，郭本作「埽」字。
〔四〕「堂室」二字，和校稱「『堂室』一作『室堂』」。
〔五〕「主母」二字，和本作「主婦」二字。
〔六〕「襞，音壁，疊衣也」句，郭本闕此注。
〔七〕「凡女僕……獨杖不止者」段，郭本闕此段。

父、主母聞之即訶禁之。不止即杖之，理曲者杖多，一止，一不止，獨杖不止者。

凡男僕，有忠信可任者重其禄，能幹家事次之。其專務欺詐，背公徇私，屢爲盜竊，弄權犯上者，逐之。

凡女僕，年滿不願留者，縱之。勤舊少過者，資而嫁之。其兩面二舌，飾虚造讒，離間骨肉者，逐之。屢爲盜竊者，逐之。放蕩不謹者，逐之。有離叛之志者，逐之。

家禮卷一終〔一〕

〔一〕「家禮卷一終」五字，庫本作「家禮卷一」四字，郭本作「朱子家禮卷一終」七字，和本作「家禮卷之一畢」六字，成、性本闕，集本下尚有「右通禮附註凡十一條」九字。

家禮第二〔一〕

冠　禮〔二〕

冠

男子，年十五至二十皆可冠。

司馬公〔三〕曰：「古者二十而冠，所以〔四〕責成人之禮。蓋將責爲人子，爲人弟，爲人臣，爲人少者之行於其人，故其禮不可以不重也。近世以來，人情輕薄，過十歲而總角

〔一〕「家禮第二」四字，集本作「文公家禮卷第二」七字，庫本作「家禮卷二」四字，郭本作「朱子家禮卷二」六字，和本作「家禮卷之二」五字，成、性本闕。

〔二〕「冠禮」二字，集本作「冠禮第二」四字。

〔三〕「司馬公」三字，性、和本作「司馬溫公」四字。

〔四〕「所以」二字，性、和本作「皆所以」三字。

者少矣。彼責以四者之行，豈知之哉。往往自幼至長，愚騃若〔一〕一，由不知成人之道故也。今雖未能遽革，且自十五以上，俟其能通《孝經》、《論語》，粗知禮義，然後冠之，其亦可也。」

必父母無期以上喪，始可行之。

大功未葬，亦不可行。

前期三日，主人告于祠堂，

古禮筮日，今不能然。但正月内擇一日可也。主人謂冠者之祖父，自爲繼高祖之宗子者。若非宗子，則必繼高祖之宗子主之。有故則命其次宗子。若其父自主之，告禮見《祠〔二〕堂章》〔三〕。祝版前同〔四〕，但云：「某之子某，若某之某親之子某，年漸長成，

〔一〕「若」字，集本作「如」字。
〔二〕「祠」字，庫本作「伺」字。
〔三〕「告禮見祠堂章」六字，郭本闕。
〔四〕「前同」二字，郭本闕。

將以某月某日加冠於其首。」謹以後同〔一〕。若族人以宗子之命自冠其子，其祝版亦以宗子爲主，曰：「使介子某。」

○若宗子已孤而自冠，則亦自爲主人。祝版前同〔二〕，但云：「某將以某月某日加冠於首。」謹以後同〔三〕。

戒賓。

古禮筮賓，今不能然。但擇朋友賢而有禮者一人可也。是日主人深衣詣其門，所戒者出見如常儀。啜茶畢，戒者起，言曰：「某有子某，若某之〔四〕某親有子某，將加冠於其首，願吾子之教之也。」對曰：「某不敏，恐不能供事，以病吾子。敢辭。」戒者曰：「願吾子之終教之也。」對曰：「吾子重有命，某敢不從。」地遠則書初請之辭爲書，遣子弟致之。所戒者辭，使者固請，乃許而復書曰：「吾子有命，某敢不從。」

〔一〕「謹以後同」四字，郭本闕。
〔二〕「前同」二字，郭本闕。
〔三〕「後同」二字，郭本闕。
〔四〕「某之」二字，性本作「某子」二字。

○若宗子自冠，則戒辭但曰：「某將加冠於首。」後同。

前一日，宿賓，

遣子弟以書致辭曰：「來日，某將加冠於子某，若某親某子某之首〔一〕。吾子將涖〔二〕之。敢宿。某上某人。」答書曰：「某敢不夙興。某上某人。」

○若宗子自冠，則辭之所改，如其戒賓。

陳設。

設盥帨於廳事，如祠堂之儀。以帟幕爲房於廳事之南北〔三〕。或廳事〔四〕無西階〔五〕，

〔一〕「若某親某子某之首」句，和校稱「某子間疑脱『之』字」。
〔二〕「涖」字，性本作「莅」字，和本作「膠」字。
〔三〕「南北」二字，成、性、明、庫、郭、和本作「東北」二字。
〔四〕「廳事」二字，郭本作「廳前」二字。
〔五〕「西階」二字，成、性、明、庫、郭、和本作「兩階」二字。

則以至晝而分之。後〔一〕放〔二〕此。

厥明，宿興〔三〕，陳冠服。

有官者，公服、帶、靴、笏，無官者，襴衫、帶、靴，通用皂衫、深衣、大帶、履、櫛、纚、掠，皆以卓子陳於房中〔四〕，東領北上。酒注、盞盤亦以卓子陳于服北。幞頭、帽子、冠并〔五〕巾，各以一盤盛之，蒙以帕，以卓子陳于西階下。執事者一人守之。長子則布席于阼階上之東少北，西向。衆子則少西，南向。○宗子自冠，則如長子之席少南。

主人以下序立。

〔一〕「後」字，和本作「后」字。
〔二〕「放」字，郭本作「倣」字。
〔三〕「宿興」二字，成、性、明、庫、郭、和本作「夙興」二字。
〔四〕「皆以卓子陳於房中」句，成、性、和本闕「以」字，和校稱「『皆卓』之間疑脱『以』字」。
〔五〕「并」字，成、性、和本作「笄」字，郭本作「竝」字。

主人以下，盛服就位。主人阼階下少東，西向。子弟親戚僮僕在其後，重行西向北上。擇子弟親戚習禮者一人爲儐，立於門外，西向。將冠者，雙紒、四䙆衫、勒帛、采履，在房中，南面〔一〕。若非宗子之子，則其父立於主人之右，尊則少進，卑則少退。

宗子〔二〕自冠，則服如將冠者，而就主人之位。

賓至，主人迎入〔三〕升堂。

賓自擇其子弟親戚習禮者爲贊冠者，俱盛服至門外，東面〔四〕立，贊者在右，少退。儐者入告主人。主人出門左，西向再拜，賓答拜。主人揖贊者，贊者報揖，主人遂揖而行。賓、贊從之，入門分庭而行，揖讓而至階，又揖讓而升。主人由阼階先升，少東，西向。賓由西階繼升，少西，東向。贊者盥，帨，由西階升，立於房中，西向。儐者筵于東

〔一〕「南面」二字，明、庫、郭本作「南向」二字。
〔二〕「宗子」二字，成、性、和本作「〇宗子」。
〔三〕「入」字，集本作「立」字。
〔四〕「東面」二字，明、庫、郭本作「東向」二字。

序，少北，西面〔一〕。將冠者出房，南面〔二〕。

若非〔三〕宗子之子，則其父從出迎賓，入從主人後賓而升，立於主人之右，如前。

賓揖。將冠者就席，爲加冠巾。冠者適房，服深衣，納履，出。

賓揖。將冠者出房〔四〕，立于席右，向席。贊者取櫛掠，置于席左，興，立於將冠者之左。賓揖，將冠者即席西向〔五〕，贊者即席，如其向跪，進〔六〕爲之櫛，合紒，施掠。乃降〔七〕，主人亦降。賓盥畢，主人揖，升，復位。執事者以冠巾盤進。賓降一等，受冠笄，執之，正容徐詣將冠者前，向之祝曰：「吉月令日，始加元服。棄爾幼志，順爾成德。壽

〔一〕「西面」二字，明、庫、郭本作「西向」二字。

〔二〕「南面」二字，明、庫、郭本作「南向」二字。

〔三〕「若非」二字，成、性、和本作「○若非」。

〔四〕「出房」二字，集本闕。

〔五〕「西向」二字，集、成、性、明、庫、郭、和本作「西向跪」三字。

〔六〕「進」字，集、成、性、和本闕。

〔七〕「乃降」二字，明、庫、郭本作「賓降」二字，成、性、和本作「賓乃降」三字。

考維〔一〕祺，以介景福。」乃跪加之。贊者以巾跪進。賓受加之，興，復位，揖。冠者適房，釋四䙆衫，服深衣，加大帶，納履，出房。正容南向，立良久。

○若宗子自冠，則賓揖之就席，賓降盥畢，主人不降。餘竝同。

再加帽子。服皂衫，革帶，繫鞋。

賓揖。冠者即席跪。執事者以帽子盤進。賓降二等受之，執以詣冠者前，祝之曰：「吉月令辰〔二〕，乃申爾服。謹爾威儀，淑順〔三〕爾德。眉壽永年〔四〕，享受胡福〔五〕。」乃跪加之，興，復位，揖。冠者適房，釋深衣，服皂衫，革帶，繫鞋，出房立。

三加幞頭。公服，革帶，納靴，執笏。若襴衫，納靴。

〔一〕「維」字，和本作「惟」字。
〔二〕「令辰」二字，成本作「令晨」二字。
〔三〕「淑順」二字，集本作「俶順」二字，性、郭、和本作「淑慎」二字。
〔四〕「永年」二字，郭本作「萬年」二字。
〔五〕「胡福」二字，集本作「斯服」二字，成、性、和本作「遐福」二字。

禮如再加，惟執事者以幞頭盤進。賓降，没階受之。祝辭曰：「以歲之正，以月之令，咸加爾服。兄弟具在，以成厥德。黄耇無疆，受天之慶。」贊者徹帽，賓乃加幞頭。執事者受帽，徹櫛，入于房。餘竝同。

乃醮。

長子，則儐者改席于堂中間少西，南向。衆子，則仍故席。贊者酌酒于房中，出房立于冠者之左。賓揖。冠者就席右，南向，乃取酒詣席前〔二〕，北向，祝之曰：「旨酒既清，嘉薦令芳〔三〕，拜受祭之，以定爾祥。承天之休，壽考不忘。」冠者再拜，升席南向，受盞。賓復位，東向答拜。冠者進席前，跪，祭酒，興，就席末，跪，啐酒，興，降席，授贊者盞，南向再拜。賓東向答拜。冠者遂拜贊者。贊者賓左東向，少退答拜。

賓字冠者，

〔二〕「詣席前」三字，成、性、和本作「就席前」三字。
〔三〕「令芳」二字，和本作「芬芳」二字。

賓降階，東向。主人降階，西向。冠者降自西階，少東南向。賓字之曰：「禮儀既備，令月吉日，昭告爾字。爰字孔嘉，髦士攸宜，宜之于嘏，永受保之，曰伯某父。」仲叔季，唯所當。冠者對曰：「某雖不敏，敢不夙夜祗奉。」賓或别作辭，命以字之之意亦可。

出就次。

賓請退。主人請禮賓。賓出就次。

主人以冠者見于祠堂。

如《祠堂章》内生子而見之儀。但改告辭曰：「某之子某，若某親某之子某，今日冠畢，敢見。」冠者進立於兩階間，再拜。餘竝同。

○若宗子自冠，則改辭曰：「某今日冠畢，敢見。」遂再拜，降復位。餘竝同。

○若冠者私室有曾祖祖〔一〕以下祠堂，則各因其宗子而見。自爲繼曾祖以下之宗，

〔一〕「曾祖祖」三字，集本作「曾祖位」三字。

則自見。

冠者見于尊長。父母，堂中南面坐。諸叔父兄在東序，諸叔父南向，諸兄西向。諸婦女在西序，諸叔母姑南向，諸姊嫂東向。冠者北向拜父母。父母爲之起。同居有尊長，則父母以冠者詣其室拜之，尊長爲之起。還就東西序，每列再拜，應答拜者答拜〔一〕。若非宗子之子，則先見宗子及諸尊於父者於堂，乃就私室見於父母及餘親。

○若宗子自冠，有母則見于母如儀。族人宗之者皆來見於堂上。宗子西向拜其尊長，每列再拜，受卑幼者拜。

乃禮賓。主人以酒饌延賓及儐贊者〔二〕，酬之以幣而拜謝之。幣多少隨宜，賓贊有差。

〔一〕「答拜」二字，成、性、和本僅作「答」字。
〔二〕「儐贊者」三字，郭本作「擯贊者」三字，庫本作「賓贊者」三字。

冠者遂出，見于鄉先生及父之執友。冠者拜，先生執友皆答拜。若有誨之，則對如對賓之辭，且拜之，先生執友不答拜。

笄

女子許嫁，笄。年十五，雖未許嫁亦笄。

母爲主。宗子主婦則於中堂。非宗子而與宗子同居，則於私室。與宗子不同居，則如上儀。

前期三日，戒賓。一日宿賓，

賓亦擇親姻婦女之賢而有禮者爲之。以牋紙書其辭，使人致之。辭如冠禮，但「子」作「女」，「冠」作「笄」，「吾子」作「某親」或「某封」。○凡婦人自稱於己之尊長則曰兒，卑幼則以屬。於夫黨，尊長則曰新婦，卑幼則曰老婦，非親戚而往來者各以其黨爲稱。後〔二〕放〔三〕此。

陳設。

如冠禮，但於中堂布席如衆子之位。

厥明，陳服，

如冠禮，但用背子、冠笄。

序立。

〔二〕「後」字，和校稱「『後』下有『皆』字」。

〔三〕「放」字，郭本作「仿」字。

主婦如主人之位。將笄者，雙紒、衫子〔一〕，房中南面。

賓至，主婦迎入升堂。

如冠禮，但不用贊者。主婦升自阼階。

賓爲將笄者加冠笄，適房服背子。

略如冠禮，但祝用始加之辭，不能則省。

乃醮，

如冠禮，辭亦同。

乃字，

如冠禮，但改祝辭「髦士」爲「女士」。

〔一〕「子」字，郭本作「于」字。

乃禮賓〔二〕，皆如冠儀。

家禮卷二終〔三〕

〔二〕「乃禮賓」句，郭本「乃禮賓」三字前有「笄者見于尊長」六字。

〔三〕「家禮卷二終」五字，庫本作「家禮卷二」四字，郭本作「朱子家禮卷二終」七字，和本作「家禮卷之二畢」六字，成、性本闕，集本後有「右冠禮附註凡九條」八字。

家禮第三〔一〕

昏禮〔二〕

議昏

男子年十六至三十，女子年十四至二十，

司馬公〔三〕曰：「古者男三十而娶，女二十而嫁。今令文，男年十五，女年十三以上，竝聽昏嫁。今爲此説，所以參古今之道，酌禮令之中，順天地之理，合人情之宜也。」

〔一〕「家禮第三」四字，集本作「文公家禮卷第三」七字，庫本作「家禮卷三」四字，郭本作「朱子家禮卷三」六字，和本作「家禮卷之三」五字，成、性本闕。

〔二〕「昏禮」二字，集本作「昏禮第三」四字。

〔三〕「司馬公」三字，性、和本作「司馬温公」四字。

身及主昏者無期以上喪，乃可成昏。

大功未葬，亦不可主昏。

○凡主昏，如冠禮主人之法，但宗子自昏則以族人之長爲主。

必先使媒氏往來通言，俟女氏許之，然後納采。

司馬公〔一〕曰：「凡議昏姻，當先察其壻〔二〕與婦之性行及家法何如，勿苟慕其富貴。壻苟賢矣，今雖貧賤，安知異時不富貴乎。苟爲不肖，今雖富盛〔三〕，安知異時不貧賤乎。婦者，家之所由盛衰也。苟慕其一時之富貴而娶之，彼挾其富貴，鮮有不輕其夫而傲其舅姑，養成驕妬之性，異日爲患，庸有極乎。借使因婦財以致富，依婦勢以取貴，苟有丈夫之志氣者，能無愧乎。又世俗好於襁褓童幼之時，輕許爲昏，亦有指腹爲昏者，及其既長，或不肖無賴，或身有惡疾，或家貧凍餒，或喪服相仍，或從宦遠方，遂至棄信負約，

〔一〕「司馬公」三字，性、和本作「司馬温公」四字。

〔二〕「壻」字，成本作「婿」字。

〔三〕「盛」字，集本作「貴」字。

速獄致〔一〕訟者多矣。是以先祖太尉嘗曰：『吾家男女，必俟既長，然後議昏。既通書，不數月必成昏。』故終身無此悔，乃〔二〕子孫所當法也。」

納采

納其采擇之禮，即今世俗所謂言定也。

主人具書，

主人即主昏者。書用牋紙，如世俗之禮。若族人之子，則其父具書，告于宗子。

夙興，奉以告于〔三〕祠堂。

〔一〕「致」字，庫本作「至」字。
〔二〕「乃」字，成本闕。
〔三〕「于」字，成、性、和本闕。

如告冠儀。其祝版前同，但〔一〕云：「某之子某〔二〕，若某〔三〕之某親之子某，年已長成，未有伉儷，已議娶某官某郡姓名之女。今日納采，不勝感愴。」謹以後同〔四〕。

○若宗子自昏，則自告。

乃使子弟爲使者如女氏。女氏主人出見使者。

使者盛服如女氏。女氏亦宗子爲主人〔五〕，盛服出見使者。非宗子之女，則其父位於主人之右，尊則少進，卑則少退。啜茶畢，使者起致辭曰：「吾子有惠，貺〔六〕室某也〔七〕。某之某親某官有先人之禮，使某請納采。」從者以書進，使者以書授主人。主人對曰：「某之子若妹姪孫惷愚，又弗能教。吾子命之，某不敢辭。」北向再拜。使者避，

〔一〕「前同但」三字，郭本闕。
〔二〕「子某」二字，郭本作「子」字。
〔三〕「某」字，郭本作「親某」二字。
〔四〕「謹以後同」四字，郭本闕。
〔五〕「主人」二字，性、和本作「主主人」三字。
〔六〕「貺」字，庫本作「祝」字。
〔七〕「也」字，和校稱「『也』當作『男』」。

不答拜。使者請退俟命，出就次。若許嫁者於主人爲姑姊，則不云「惷愚，又弗能教」，餘辭竝同。

遂奉書以告于祠堂。

如壻家之儀。祝版前同，但〔一〕云：「某之第幾女，若某親某之第幾女〔二〕，年漸長成，已許嫁某官某郡姓名之子，若某親某。今日納采，不勝感愴。」謹以後同〔三〕。

出以復書授使者，遂禮之。

主人出，延使者升堂，授以復書。使者受之，請退。主人請禮賓，乃以酒饌禮使者。使者至是始與主人交拜揖，如常日賓客之禮。其從者亦禮之别室。皆酬以幣。

〔一〕「前同但」三字，郭本闕。
〔二〕「若某親某之第幾女」八字，成、和本闕。
〔三〕「謹以後同」四字，郭本闕。

使者復命壻氏。主人復以告于祠堂。

不用祝。

納幣

古禮有問名、納吉。今不能盡用，止用納采、納幣，以從簡便。

納幣

幣用色繒。貧富隨宜，少不過兩，多不踰十。今人更〔一〕用釵釧、羊酒、果實之屬〔二〕，亦可。

具書，遣使如女氏。女氏受書，復書，禮賓，使者復命，竝同納采之儀。

禮如納采，但不告廟。使者致辭，改「采」爲「幣」。從者以書、幣進，使者以書授主

〔一〕「更」字，成本作「便」字。
〔二〕「屬」字，和本作「類」字，和校稱「『類』一作『屬』」。

人。主人對曰：「吾子順先典，貺某重禮，某不敢辭，敢不承命。」乃受書。執事者受幣，主人再拜。使者避之，復進請命。主人授以復書。餘竝同。

親迎

前期一日，女氏使人張陳其壻之室。

世俗謂之鋪房，然所張陳者，但氈褥、帳幔、帷幙〔一〕應用之物。其衣服鏁〔二〕之篋笥，不必陳也。

○司馬公〔三〕曰：「文中子曰：『昏娶而論財，夷虜之道也〔四〕。』夫昏姻者，所以合二姓之好，上以事宗廟，下以繼後世也。今世俗之貪鄙者，將娶婦，先問資裝之厚薄，將嫁女，先問聘財之多少，至於立契約云，某物若干某物若干，以求售其女者。亦有既嫁而

〔一〕「幙」字，集本作「幕」字。
〔二〕「鏁」字，集、性、郭本作「鎖」字。
〔三〕「司馬公」三字，性、郭、和本作「司馬温公」四字。
〔四〕「昏娶而論財，夷虜之道也」十字，郭本闕。

復欺紿負約者。是乃駔儈〔一〕賣婢鬻奴之法，豈得謂之士大夫昏姻哉。其舅姑既被欺紿，則殘虐〔二〕其婦，以攄其忿。由是愛其女者，務厚其資裝以悦其舅姑者〔三〕，殊不知彼貪鄙之人不可盈厭，資裝既竭，則安用汝女哉。於是質其女〔四〕以責貨於女氏。貨有盡而責無窮，故昏姻之家往往終爲仇讎矣。是以世俗生男則喜，生女則戚，至有不舉其女者，用此故也。然則議昏姻有〔五〕及於財者，皆勿與爲昏姻可也。」

厥明，壻家設位于室中。

設倚卓子〔六〕兩位，東西相向。蔬果、盤盞、匕筯如賓客之禮，酒壺在東位之後。又以卓子置合巹一於其南，又南北設二盥盆勺於室東隅。又〔七〕設酒壺盞注於室外或别

〔一〕「駔儈」二字，庫本作「狙儈」二字。
〔二〕「殘虐」二字，郭本作「賤虐」二字。
〔三〕「者」字，郭本闕。
〔四〕「其女」二字，成本作「其母」二字。
〔五〕「有」字，郭本作「而」字。
〔六〕「子」字，庫本作「於」字。
〔七〕「又」字，庫、郭本作「右」字。

室，以飲從者。

○〔一〕巹音謹，以小匏一判而兩之。

女家設次于外。○初昏，壻盛服。

世俗新壻帶花勝以擁蔽其面，殊失丈夫之容體，勿用可也。

主人告于祠堂，

如納采儀。祝版前同，但〔二〕云：「某之子某，若某親之子某，將以今日親迎于某官某郡某氏，不勝感愴。」謹以後同〔三〕。

○若宗子自昏，則自告。

〔一〕「○」符，郭本闕。
〔二〕「前同但」三字，郭本闕。
〔三〕「謹以後同」四字，郭本闕。

遂醮其子而命之迎。

先以卓子設酒注盤盞於堂上。主人盛服，坐於堂之東序，西向。設壻席於其西北，南向。壻升自西階，立於席西，南向。贊者取盞斟酒，執之詣壻席前。壻再拜升席〔一〕，南向，受盞，跪，祭酒，興，就席末，跪，啐酒，興，降西〔二〕，授贊者盞。又再拜，進詣父坐前，東向跪。父命之曰：「往迎爾相，承我宗事。勉率以敬，若則有常。」壻曰：「諾。惟恐不堪，不敢忘命。」俛伏，興，出。非宗子之子，則宗子告于祠堂，而其父醮于私室如儀，但改「宗事」爲「家事」。

○若宗子已孤而自昏，則不用此禮。〔三〕

壻出，乘馬。

以二燭前導。

〔一〕「壻再拜升席」五字，郭本作「再拜升壻」四字。

〔二〕「西」字，集、成、性、和本作「席西」二字，明、庫、郭本作「席」字。

〔三〕「若宗子」段，郭本闕。

至女家，俟于次。

壻下馬于大門外，入俟于次。

女家主人告于祠堂。

如納采儀。祝版前同，但〔一〕云：「某之第幾女，若某親某之第幾女，將以今日歸于某官某郡姓名，不勝感愴。」謹以後同〔二〕。

遂醮其女而命之。

女盛飾，姆相之，立於室外，南向。父坐東序，西向，母坐西序〔三〕，東向。設女席於母之東北，南向。贊者醮以酒，如壻禮。姆導女出於母左。父起，命之曰：「敬之戒之，

〔一〕「前同但」三字，郭本闕。
〔二〕「謹以後同」四字，郭本闕。
〔三〕「西向母坐西序」六字，郭本闕。

夙夜無違爾〔一〕舅姑之命。」母送至西階上，爲之整冠斂帔〔二〕，命之曰：「勉之敬之，夙夜無違爾閨門之禮。」諸母姑嫂姊送至于中門之内，爲之整裙衫，申以父母之命曰：「謹聽〔三〕爾父母之言，夙夜無愆。」非宗子之女，則宗子告于祠堂，而其父醮於私室如儀。

主人出迎，壻入奠鴈〔四〕。

主人迎壻于門外，揖讓以入。壻執鴈〔五〕以從，至于廳事。主人升自阼階，立，西向。壻升自西階，北向跪，置鴈〔六〕於地。主人侍者受之。壻俛伏，興，再拜。主人不答拜。若族人之女，則其父從主人出迎，立於其右，尊則少進，卑則少退。○凡贄用生鴈〔七〕，左首以生色繒交絡之。無則刻木爲之。取其順陰陽往來之義。

〔一〕「爾」字，集、成、性、和本闕。
〔二〕「斂帔」二字，郭、和本作「斂帔」二字。
〔三〕「聽」字，和校稱「『聽』一作『思』」。
〔四〕「鴈」字，郭本作「雁」字。
〔五〕「鴈」字，郭本作「雁」字。
〔六〕「鴈」字，郭本作「雁」字。
〔七〕「鴈」字，郭本作「雁」字。

程子曰：「取其不再偶也。」

姆奉女出登車。

姆奉女出中門。壻揖之，降自西階。主人不降。壻遂出，女從之。壻舉轎簾以俟。姆辭曰：「未教，不足與爲禮也。」女乃登車。

壻乘馬，先婦車。

婦車亦以二燭前導。

至其家，導婦以入。

壻至家，立于廳事，俟婦下車，揖之，導以入。

壻婦交拜。

婦從者布壻席於東方，壻從者布婦席於西方。壻盥于南，婦從者沃之，進帨。婦盥于北，壻從者沃之，進帨。壻揖婦，就席。婦拜，壻答拜。

就坐，飲食畢，壻出。

壻揖婦，就坐。壻東婦西。從者斟酒設饌。壻婦祭酒，舉殽。又斟酒，壻揖，婦舉飲，不祭，無殽。又取巹，分置壻婦之前〔一〕，斟酒，壻揖，婦舉飲，不祭，無殽。壻出，就他室。姆與婦留室中。徹饌，置室外，設席。壻從者餕婦之餘，婦從者餕壻之餘。

復入，脱服。燭出。

壻脱服，婦從者受之。婦脱服，壻從者受之。

○司馬公〔二〕曰：「古詩云『結髮爲夫婦』，言自小〔三〕年束髮即爲夫婦，猶李廣言『結髮與匈奴戰』也。今世俗昏姻，乃有結髮之禮，謬誤可笑，勿用可也。」

〔一〕「前」字，和本作「間」字。
〔二〕「司馬公」三字，性、和本作「司馬温公」四字。
〔三〕「小」字，明、庫、郭、和本作「少」字。

主人禮賓。

男賓於外廳，女賓於中堂。〔一〕

婦見舅姑

明日夙興，婦見于舅姑。

婦夙興，盛服，俟見。舅姑坐於堂上，東西相向。各置卓子於前。家人男女少於舅姑者，立於兩序，如冠禮之敘。婦進立於阼階下，北面拜舅，升，奠贄幣于卓上〔二〕。舅授〔三〕之，侍者以入。婦降，又拜畢，詣西階下，北面拜姑，升，奠贄幣。姑舉以授侍者。婦降又拜。

○若非宗子之子而與宗子同居，則先行此禮於舅姑之私室。與宗子不同居，則如

〔一〕「男賓於外廳，女賓於中堂」句，集本句後有「註曰：古禮明日饗送者，今從俗」十二字，成、性、和本句後有「古禮明日饗從者，今從俗」十字。

〔二〕「卓上」二字，集、成、性、和本作「卓子上」三字。

〔三〕「授」字，集、成、性、明、庫、郭、和本作「撫」字。

上儀。

舅姑禮之。

如父母醮女之儀。

婦見于諸尊長。

婦既受禮，降自西階。同居有尊於舅姑者，則舅姑以婦見於其室，如見舅姑之禮。還拜諸尊長〔二〕于兩序，如冠禮，無贄。小郎、小姑，皆相拜。非宗子之子而與宗子同居，則既受禮，詣其堂上拜之，如舅姑禮，而還見于兩序。其宗子及尊長不同居，則廟見而后〔三〕往。

若冢婦則饋于舅姑。

是日食時，婦家具盛饌酒壺，婦從者設蔬果卓子于堂上舅姑之前，設盥盤于阼階東

〔二〕「尊長」二字，郭本作「尊」字。
〔三〕「后」字，成、性、和本作「後」字。

南，帨架在東。舅姑就坐，婦盥，升自西階，洗盞斟酒，置舅卓子上。降，俟舅飲畢，又拜。遂獻姑進酒，姑受飲畢，婦降拜。遂執饌，升，薦于舅姑之前，侍立姑後，以俟卒食，徹飯〔一〕。侍者徹餘〔二〕饌，分置別室。婦就餕姑之餘，婦從者餕舅之餘，壻從者又餕婦之餘。非宗子之子，則於私室如儀。

舅姑饗之。

如禮婦之儀。禮畢，舅姑先降自西階，婦降自阼階。

廟見

三日，主人以婦見于祠堂。

〔一〕「飯」字，集本作「饌」字。
〔二〕「餘」字，性、和本闕。

古者三月而廟見。今以其太〔二〕遠，改用三日。如子冠而見之儀，但告辭曰：「子某之婦某氏敢見。」餘竝同。

壻見婦之父母

明日，壻往見婦之父母。

婦父迎送揖讓，如客禮〔三〕。拜即跪而扶之。入見婦母，婦母闔門左扉，立于門內，壻拜于門外。皆有幣。婦父非宗子，即先見宗子夫婦，不用幣，如上儀。然後見婦之父母。

次見婦黨諸親。

不用幣。婦女相見如上儀。

〔二〕「太」字，成本作「大」字。
〔三〕「客禮」二字，和校稱「『客』一作『賓』」。

婦家禮壻，如常儀。

親迎之夕，不當見婦母及諸親及設酒饌。以婦未見舅姑故也。

家禮卷三終〔二〕

〔二〕「家禮卷三終」五字，庫本作「家禮卷三」四字，郭本作「朱子家禮卷三終」七字，和本作「家禮卷之三畢」六字，成、性本作「此五字闕」四字，集本後有「右昏禮附註凡十三條」九字。

家禮〔一〕

喪禮〔二〕

初終

疾病，遷居正寢。

凡疾病，遷居正寢，内外安静以俟氣絶。男子不絶於婦人之手，婦人不絶於男子之手。

〔一〕「家禮」二字，公、明本作「家禮第四」四字，集本作「文公家禮卷第四」七字，性本作「家禮三」三字，庫本作「家禮卷四」四字，郭本作「朱子家禮卷四」六字，和本作「家禮卷之四」五字，成本闕。

〔二〕「喪禮」二字，集本作「喪禮第四」四字。

既絶乃哭。○復。

侍者一人，以死者之上服嘗經衣者，左執領，右執要，升屋中霤〔一〕，北面招以衣，三呼曰：「某人復。」畢，卷衣，降，覆尸上。男女哭擗無數。○上服，謂有官則公服，無官則襴衫、皂衫、深衣。婦人，大袖、背子。呼某人者，從生時之號。

立喪主、

凡主人謂長子，無則長孫承重以奉饋奠。其與賓客爲禮，則同居之親且尊者主之。

主婦、

謂亡者之妻，無則主喪者之妻。

〔一〕「升屋中霤」四字，成、性、和本作「自前榮升屋中霤」七字。

護喪、以子弟知禮能幹者爲之。凡喪事，皆稟之。

司書、司貨。以子弟或吏僕〔二〕爲之。

乃易服，不食。妻子婦妾皆去冠及上服，被髮。男子扱上衽，徒跣。餘有服者，皆去華飾。爲人後者爲本生父母，及女子已嫁者，皆不被髮徒跣。諸子，三日不食。期九月之喪，三不食，五月三月之喪，再不食。親戚鄰里爲糜粥以食之。尊長强之，少食可也。○扱上衽，謂插衣前襟之帶。華飾，謂錦繡〔三〕、紅紫、金玉、珠翠之類。

〔二〕「吏僕」二字，和本作「使僕」二字。
〔三〕「錦繡」二字，集本作「錦綉」二字。

治棺，護喪命匠擇木爲棺。油杉爲上，栢〔一〕次之，土杉爲下。其制方直，頭大足小，僅取容身，勿令高大及爲虛簷高足。内外皆用灰漆，内仍用瀝清〔二〕溶瀉，厚半寸以上，煉熟〔三〕秫米灰鋪其底，厚四寸許，加七星版〔四〕，底四隅各釘大鐵鐶，動則以大索貫而舉之。

○司馬公〔五〕曰：「棺欲厚，然太厚則重而難以致遠。又不必高大，占地使壙中寬，易致摧毁。宜深戒之。椁雖聖人所制，自古用之，然板木歲久終歸腐爛，徒使壙中寬大不能牢固，不若不用之爲愈也。孔子葬鯉，有棺而無椁，又許貧者還葬而無椁〔六〕。今不欲用，非爲貧也，乃欲保安亡者耳〔七〕。」

〔一〕「栢」字，明、庫、郭本作「柏」字。
〔二〕「瀝清」二字，成、性、和本作「瀝青」二字。
〔三〕「煉熟」二字，成、性、和本作「以煉熟」三字。
〔四〕「版」字，集、性、和本作「板」字。
〔五〕「司馬公」三字，性、和本作「司馬温公」四字。
〔六〕「椁」字，集本作「槨」字。
〔七〕「耳」字，成、性本作「爾」字。

○程子曰，雜書有松脂入地，千年爲伏苓〔一〕，萬年爲琥珀之説。蓋物莫久於此，故以塗棺。古人已有用之者。

訃告〔二〕于親戚僚友。

護喪、司書爲之發書。若無則主〔三〕自訃親戚，不訃僚友。自餘書問悉停。以書來弔者，竝須卒哭後答之。

沐浴　襲　奠　爲位　飯含

執事者設幃及牀，遷尸，掘坎。

〔一〕「伏苓」二字，成、性、和本作「茯苓」。

〔二〕「訃告」二字，郭本作「赴告」二字。

〔三〕「主」字，成、性、明、庫、郭、和本作「主人」二字。

執事者以幃障〔一〕卧内。侍者設牀〔二〕於尸牀前，縱置之。施簀去薦，設席枕，遷尸其上，南首，覆以衾。掘坎于屏處潔地。

陳襲衣、

以卓子陳于堂前東壁下，西領南上。幅巾一，充耳二，用白纊如棗核大，所以塞耳者也。幎目，帛方尺二寸，所以覆面者也。握手，用帛長尺二寸，廣五寸，所以裹〔三〕手者也。深衣一，大帶一，履二〔四〕，袍、襖、汗衫、袴、韈〔五〕、勒帛、裹〔六〕肚之類，隨所用之多少。

沐浴、飯含之具。

以卓子陳于堂前西壁下，南上。錢三，實于小箱，米二升，以新水淅令精，實于盌。

〔一〕「幃障」二字，集、明、庫、郭本作「幃幛」二字。
〔二〕「牀」字，集、成本作「床」字。
〔三〕「裹」字，集、成本作「褁」字。
〔四〕「二」字，集本作「一」字。
〔五〕「袴韈」二字，集、成、性、郭、和本作「袴襪」二字。
〔六〕「裹」字，集、成本作「褁」字。

櫛一，沐巾一。浴巾二，上下體各用其一也。

乃沐浴，侍者以湯入。主人以下皆出帷外〔一〕，北面。侍者沐髮，櫛之，晞以巾，撮爲髻。抗衾而浴，拭以巾。剪爪，并〔二〕沐浴餘水、巾櫛〔三〕，棄于坎而埋之。

襲。侍者設〔四〕襲牀於幃〔五〕外，施薦、席、褥、枕。先置大帶、深衣、袍、襖、汗衫、袴、韈〔六〕、

〔一〕「帷外」二字，和本作「幃外」二字。
〔二〕「并」字，成、性、明、庫、郭、和本作「其」字。
〔三〕「巾櫛」二字，成、性、和本作「并巾櫛」三字。
〔四〕「設」字，成、性、和本作「别設」二字。
〔五〕「幃」字，集本作「帷」字。
〔六〕「袴韈」二字，集、成、性、郭、和本作「袴襪」二字。

勒帛、裹〔一〕肚之類於其上，遂舉以入，置浴牀之西，遷尸其上〔二〕，悉去病時衣及復衣，易以新衣，但未着〔三〕幅巾、深衣、履。

徙尸牀，置堂中間，

卑幼則各於室中間。餘言堂〔四〕者放此。

乃設奠。

執事者以卓子置脯醢，升自阼階。祝盥手，洗盞斟酒，奠于尸東，當肩，巾之。

○祝以親戚爲之。

主人以下，爲位而哭。

〔一〕「裹」字，集本作「褁」字。

〔二〕「其上」二字，成、性、和本作「於其上」三字。

〔三〕「着」字，集、成、性、郭、和本作「著」字。

〔四〕「堂」字，成、性、和本作「在堂」二字。

主人坐於牀東奠北。衆男應服三年者，坐其下，皆藉〔一〕以稾〔二〕。同姓期、功以下，各以服次坐于其後，皆西面〔三〕南上。尊行以長幼坐于牀東北壁下，南向西上，藉〔四〕以席薦。主婦、衆婦女坐于牀西，藉以稾〔五〕。同姓婦女，以服爲次，坐于其後，皆東向南上。尊行以長幼坐于牀西北壁下，南向東上，藉以席薦。妾婢立於婦女之後。别設幃以障内外。異姓之親，丈夫坐於帷〔六〕外之東，北向西上。婦人坐於帷〔七〕外之西，北向東上。皆藉以席，以服爲行，無服在後。

○若内喪，則同姓丈夫尊卑坐于帷外之東，北向西上。異姓丈夫坐于帷外之西，北向東上。

〔一〕「藉」字，和本作「籍」字。
〔二〕「稾」字，集、和本作「藁」字，郭本作「藁」字。
〔三〕「西面」二字，成、性、和本作「西向」二字。
〔四〕「藉」字，和本作「籍」字。
〔五〕「稾」字，集、和本作「藁」字，郭本作「藁」字。
〔六〕「帷」字，成、性、和本作「幃」字。
〔七〕「帷」字，和本作「幃」字。

○三年之喪，夜則寢於尸旁，藉稾〔一〕枕塊。病羸〔二〕者，藉以草薦可也。期以下，寢於側近。男女異室。外親歸家可也。

乃飯含。

主人哭盡哀，左袒，自前扱於腰之右，盥手，執箱以入。侍者一人，插匙于米盌，執以從，置于尸西。以幎巾入，徹枕覆面〔三〕。主人就尸東，由足而西，牀上坐，東面舉巾，以匙抄〔四〕米，實于尸口之右，并實一錢。又於左於中亦如之。主人襲所袒衣，復位。

侍者卒襲，覆以衾。

加幅巾、充耳，設幎目，納履。乃襲深衣，結大帶，設握手〔五〕，乃覆以衾。

〔一〕「稾」字，集、和本作「藁」字，郭本作「藁」字。

〔二〕「病羸」二字，成、性、和本作「羸病」二字，郭本作「痛羸」二字。

〔三〕「以幎巾入，徹枕覆面」八字，成、性、和本作「徹枕，以幎巾入，覆面」八字，集本作「徹枕，以幎巾，覆面」七字。

〔四〕「抄」字，郭本作「鈔」字。

〔五〕「握手」二字，和本作「握手巾」三字。

靈座　魂帛　銘旌

置靈座，設魂帛，

設椸於尸南，覆以帕。置倚〔一〕卓其前，結白絹爲魂帛，置倚〔二〕上。設香爐、香合、珓杯〔三〕、注、酒果於卓子上。侍者朝夕設櫛頮奉養之具，皆如平生。

○司馬公〔四〕曰：「古者鑿木爲重以主其神，今令式亦有之。然士民之家，未嘗識也。故用束帛依神，謂之魂帛，亦古禮之遺意也。世俗皆畫影，置於魂帛之後。男子生時有畫像，用之猶無所謂。至於婦人生時深居閨門，出則乘輜軿，擁蔽其面，既死，豈可使畫工直入深室〔五〕，揭掩面之帛，執筆訾相，畫其容貌。此殊爲非禮。又世俗或用冠帽衣履，裝飾如人狀，此尤鄙俚，不可從也。」

〔一〕「倚」字，和本作「椅」字。

〔二〕「倚」字，和本作「椅」字。

〔三〕「香合、珓杯」四字，成、性、和本作「合盞」二字。

〔四〕「司馬公」三字，性、和本作「司馬温公」四字。

〔五〕「深室」二字，和本作「深屋」二字。

立銘旌。以絳帛爲銘旌。廣終幅。三品以上九尺，五品以下〔一〕八尺，六品以下七尺。書曰：「某官某公之柩。」無官，即隨其生時所稱。以竹爲杠，如其長，倚於靈座之右。

不作佛事。司馬公〔二〕曰：「世俗信〔三〕浮屠誑誘。於始死及七七日、百日、期年、再期、除喪，飯僧設道場，或作水陸大會，寫經造像，修建塔廟，云：『爲此〔四〕者，滅彌天罪惡，必生天堂，受種種快樂。不爲者，必入地獄，剉燒舂磨，受無邊波吒之苦。』殊不知，人生含氣血知痛癢，或剪爪剃髮，從而燒斫之，已不知苦。況於死者，形神相離，形則入於黄壤，朽腐消滅，與木石等。神則飄若風火，不知何之。借使剉燒舂磨，豈復知之。且浮屠所謂

〔一〕「以下」二字，郭本作「以上」二字，和校稱「『五品以下』之『下』當作『上』」。
〔二〕「司馬公」三字，性、和本作「司馬温公」四字。
〔三〕「信」字，集本作「言」字。
〔四〕「此」字，性、郭、和本作「死」字。

天堂地獄者，計亦以勸善而懲惡也。苟不以至公行之，雖鬼可得而治〔一〕乎。是以唐廬州刺史李丹〔二〕與妹書曰：『天堂無則已，有則君子登。地獄無則已，有則小人入。』世人親死而禱浮屠，是不以其親爲君子而爲積惡有罪之小人也。何待其親之不厚哉。就使其親實積惡有罪，豈賂浮屠所能免乎。此則中智所共知，而舉世滔滔信奉之，何其易惑而難曉也。甚者至有傾家破産然後已。與其如此，曷若早賣田營墓而葬之乎。彼天堂地獄，若果有之，當與天地俱生。自佛法未入中國之前，人死而復生者亦有之矣。何故無一人誤入地獄，見閻羅等十王者耶。不學者固不足言〔三〕，讀書知古者亦可以少悟矣。」

執友親厚之人，至是入哭可也。

主人未成服而來哭者，當服深衣，臨尸哭盡哀。出，拜靈座，上香〔四〕，再拜，遂弔主

〔一〕「治」字，和校稱「一作『私』字」。

〔二〕「李丹」二字，集、成、性、和本作「李舟」二字。

〔三〕「不足言」三字，成、性、和本作「不足與言」四字。

〔四〕「上香」二字，和本作「焚香」二字。

人，相持〔一〕哭盡哀。主人以哭對，無辭。

小斂

袒　括髮　免　髽　奠　代哭

厥明，謂死之明日。

執事者陳小斂衣衾，以卓陳于堂東北壁下。據死者所有之衣，隨宜用之。若多，則不必用〔二〕也。衾用複者。絞，横者三，縱者一，皆以細布或綵，一幅而析其兩端〔三〕爲三。横者取足以〔四〕周

〔一〕「相持」二字，成、性、明、庫、郭本作「相向」二字。
〔二〕「不必用」三字，集、成、性、明、庫、郭、和本作「不必盡用」四字。
〔三〕「兩端」二字，郭本作「兩頭」二字。
〔四〕「足以」二字，成本作「足」字。

身相結〔一〕，縱者取足以〔二〕掩首至足而結於身中。

設奠，

設卓子于阼階東南，置奠饌及盃〔三〕注于其上，巾之。設盥盆、帨巾各二于饌東。其東有臺者，祝所盥也。其西無臺者，執事者所盥也。別以卓子設潔滌盆、新拭巾於其東，所以洗盃〔四〕拭盃〔五〕也。此一節至遣〔六〕竝同。

具括髮麻、免布、髽麻，

括髮，謂麻繩撮髻，又以布爲頭𢄼也。免，謂裂布或縫絹廣寸〔七〕，自項向前，交於額

〔一〕「相結」二字，成本闕。
〔二〕「足以」二字，成本作「足」字。
〔三〕「盃」字，成、性、明、庫、郭、和本作「盞」字。
〔四〕「盃」字，成、性、明、庫、郭、和本作「盞」字。
〔五〕「盃」字，成、性、明、庫、郭、和本作「盞」字。
〔六〕「遣」字，郭本作「遣奠」二字。
〔七〕「或縫絹廣寸」五字，郭本闕。

上，卻遶髻，如著掠頭也。鬠，亦用麻繩撮髻〔一〕，竹木爲簪也。設之皆于別室。

設小歛床〔二〕，布絞、衾衣，

設小歛床〔三〕，施薦席褥于西階之西。鋪絞衾〔四〕衣，舉之升自西階，置于尸南。先布絞之横者三於下，以備周身相結。乃布縱者一於上，以備掩首及足也。衣或顛或倒，但取正方，唯上衣不倒。

乃遷襲奠，

執事者遷置靈座西南，俟設新奠乃去之。後凡奠皆放〔五〕此。

〔一〕「撮髻」二字，成本作「撮鬠」二字。
〔二〕「床」字，集、性、庫、郭、和本作「牀」字。
〔三〕「床」字，性、庫、郭、和本作「牀」字。
〔四〕「衾」字，郭本闕。
〔五〕「放」字，集本作「倣」字。

遂小斂。

侍者盥手舉尸，男女共扶助之，遷于小斂床〔一〕上。先去枕而舒絹疊衣，以藉其首。仍卷兩端，以補兩肩空處。又卷衣，夾其兩脛，取其正方。然後以餘衣掩尸，左衽不紐。裹〔二〕之以衾，而未結〔三〕以絞，未掩其面。蓋孝子猶俟其復生〔四〕，欲時見其面故也。斂畢，則〔五〕覆以衾。

主人主婦，憑尸哭擗。

主人西向，憑尸哭擗。主婦東向，亦如之。○凡子於父母，憑之。父母於子、夫於妻，執之。婦於舅姑，奉之。舅於婦，撫之。於昆弟，執之。凡憑尸，父母先，妻子後。

〔一〕「床」字，成、性、庫、郭、和本作「牀」字。
〔二〕「裹」字，集本作「褁」字。
〔三〕「未結」二字，公、郭本作「末結」二字。
〔四〕「生」字，成本作「上」字。
〔五〕「則」字，成、和本作「別」字。

袒括髮，免髽于别室。

男子斬衰者，袒括髮。齊衰以下至同五世祖者，皆袒免于别室。婦人髽于别室。

還，遷尸牀于堂中。

執事者徹襲床〔二〕，遷尸其處。哭者復位。尊長坐，卑幼立。

乃奠。

祝帥執事者盥手舉饌，升自阼階，至靈座前。祝焚香，洗盞斟酒奠之。卑幼者皆再拜。侍者巾之。

主人以下哭盡哀，乃代哭不絶聲。

〔二〕「床」字，成、性、庫、郭、和本作「牀」字。

大斂

厥明，

小斂之明日，死之第三日也。

○司馬公〔二〕曰：「《禮》曰『三日而斂』者，俟其復生也。三日而不生，則亦不生矣。故以三日爲之禮也。今貧者喪具或未辦，或漆棺未乾，雖過三日，亦無傷也。世俗以陰陽拘忌，擇日而斂，盛夏之際，至有汁出蟲流，豈不悖哉。」

執事者陳大斂衣衾，

以卓子陳于堂東壁下。衣無常數，衾用有綿〔三〕者。

設奠具。

〔二〕「司馬公」三字，性、和本作「司馬温公」四字。
〔三〕「綿」字，郭本作「緜」字。

如小斂之儀。

舉棺入，置于堂中少西，

執事者先遷靈座及小斂奠於旁側。役者舉棺以入，置于牀西，承以兩凳。若卑幼則於別室。役者出，侍者先置衾于棺中，垂其裔於四外。

〇司馬公〔一〕曰：「周人殯于西階之上。今堂室異制或狹小，故但於堂中少西而已。今世俗多殯於僧舍，無人守視，往往以年月未利，踰數十年不葬，或爲盜賊所發，或爲僧所棄。不孝之罪，孰大於此。」

乃大斂。

侍者與子孫婦女俱盥手，掩首，結絞，共舉尸納于棺中。實生時所落髮齒〔二〕及所剪

〔一〕「司馬公」三字，性、和本作「司馬温公」四字。

〔二〕「髮齒」二字，成、性、和本作「齒髮」二字。

爪于棺角，又揣其空缺〔一〕處，卷衣塞之，務令充實，不可搖動。謹勿以金玉珍玩置棺中，啓盜賊心。收衾，先掩足，次掩首，次掩左，次掩右，令棺中平滿。主人主婦憑哭盡哀。婦人退入幕下〔二〕，乃召匠加蓋下釘。徹牀，覆柩以衣。祝〔三〕取銘旌，設跗于柩東，復設靈座於故處。留〔四〕婦人兩人守之。

○司馬公〔五〕曰：「凡動尸舉柩，哭擗無算。然歛殯〔六〕之際，亦當輟哭臨視，務令安固，不可但哭而〔七〕已。」

○按古者大歛而殯，既大歛，則累墼塗之。今或漆棺未乾，又南方土多螻蟻，不可塗殯，故從其便。

〔一〕「缺」字，成、性、明、庫、郭、和本作「缺」字。
〔二〕「幕下」二字，成、性、明、庫、郭、和本作「幕中」二字。
〔三〕「祝」字，成本闕。
〔四〕「留」字，成本作「令」字。
〔五〕「司馬公」三字，性、和本作「司馬温公」四字。
〔六〕「歛殯」二字，成、性、和本作「殯歛」二字。
〔七〕「而」字，成本作「高」字。

設靈床〔一〕于柩東。

牀、帳、薦、席、屏、枕、衣、被〔二〕之屬，皆如平生時。

乃設奠。

如小斂之儀。

主人以下各歸喪次。

中門之外，擇朴〔三〕陋之室爲丈夫喪次。斬衰，寢苫枕塊，不脱絰帶，不與人坐焉〔四〕。非時見乎母也，不及中門。齊衰，寢席。大功以下異居者，既殯而歸，居宿於外，三月而復寢。婦人次于中門之内别室，或居殯側，去帷帳衾褥之華麗者，不得輒至男子喪次。

〔一〕「床」字，性、庫、郭、和本作「牀」字。
〔二〕「被」字，和校稱「『被』一作『衾』」。
〔三〕「朴」字，郭本作「樸」字。
〔四〕「坐焉」二字，郭本作「共席坐」三字。

止代哭者。

成服

厥明，

大歛之明日，死之第四日也。

五服之人，各服其服，入就位，然後朝哭相弔如儀。

○其服之制，一曰，斬衰三年。

斬，不緝也。衣裳皆用極麤〔二〕生布，旁及下際皆不緝也〔三〕。裳，前三幅，後四幅，縫内向，前後不連。每幅作三㡇。㡇謂屈其兩邊相著而空其中也。衣長過腰，足以掩

〔二〕「麤」字，郭本作「粗」字，成、性本作「麄」字。
〔三〕「皆不緝也」四字，性、和本「皆不緝也」後尚有「衣縫向外」四字。

裳上際，縫外向。背有負版，用布方尺八寸，綴於領下垂之。前當心有衰，用布長六寸，廣四寸，綴於左衿之前。左右有辟領，各用布方八寸，屈其兩頭相著爲廣四寸，綴於領下。在負版兩旁，各攙負版一寸。兩腋下有衽〔一〕，各用布三尺五寸，上下各留一尺正方，一尺之外，上於左旁裁入六寸，下於右旁裁入六寸，便於盡處相望斜裁。卻以兩方左右相沓，綴於衣兩旁，垂之向下，狀如燕尾，以掩裳旁際也。冠比衣裳用布稍細，紙糊爲材，廣三寸，長足跨頂，前後裹〔二〕以布，爲三㡇，皆向右，縱縫之。用麻繩一條，從額上約之，至頂後交過前，各至耳，結之以爲武。屈冠兩頭，入武内，向外反屈之，縫於武。武之餘繩垂下爲纓，結於頤下。首絰〔三〕，以有子麻爲之，其圍九寸，麻本在左。從額前向右圍之，從頂過後，以其末加於本上，又以繩爲纓以固之，如冠之制。腰絰，大七寸有餘，兩股相交，兩頭結之，各存麻本，散垂三尺。其交結處，兩旁各綴細繩繫之。絞帶，用有子麻繩一條，大半腰絰，中屈之爲兩股，各一尺餘，乃合之，其大如絰。圍腰從左過

〔一〕「衽」字，明本作「袵」字。
〔二〕「裹」字，郭本作「裏」字。
〔三〕「首絰」之前，成、性、和本有「〇」。和校稱「圈疑當删去」。

後至前，乃以其右端穿兩股間而反插於右，在經之下。苴〔一〕杖〔二〕，用竹，高齊心，本在下。屨〔三〕亦粗〔四〕麻爲之。婦人則用極麤〔五〕生布爲大袖、長裙、蓋頭，皆不緝。布頭⿱須巾〔六〕、竹釵、麻屨。衆妾〔七〕則以背子代大袖。凡婦人皆不杖。

其正服則子爲父也。其加服則嫡孫，父卒，爲祖若曾高祖承重者也。父爲嫡子，當爲後者也。其義服則婦爲舅也。夫承重，則從服也。爲人後者，爲所後父也。爲所後祖承重也。夫爲人後，則妻從服也。妻爲夫也。妾爲君也。

二曰，齊衰三年，

〔一〕「苴」字，成、性、和本作「苴」字。
〔二〕「苴杖」二字，明、庫、郭本作「其杖」二字。
〔三〕「屨」字，集本作「履」字。
〔四〕「粗」字，庫本作「麤」字。
〔五〕「麤」字，成、性、郭、和本作「粗」字。
〔六〕「⿱須巾」字，成本作「鬚」字。
〔七〕「妾」字，郭本闕此字。

齊，緝也。其衣裳冠制，竝如斬衰，但用次等麤〔一〕生布，緝其旁及下際。冠以布〔二〕爲武及纓。首絰以無子麻爲之，大七寸餘，本在右，末繫本下，布纓。腰絰，大五寸餘。帶〔三〕，以布爲之，而屈其右端尺餘。杖〔四〕，以桐爲之，上圓下方。婦人服同斬衰，但布用次等爲異，後皆放〔五〕此。

其正服則子爲母也。士之庶子爲其母同，而爲父後則降也。其加服則嫡孫，父卒，爲祖母若曾高祖母〔六〕承重者也。母爲嫡子，當爲後者也。其義服則婦爲姑也。夫承重，則從服也。爲繼母也。爲慈母，謂庶子無母而父命他妾之無子者慈己也。繼母爲長子也。妾爲君之長子也。

〔一〕「麤」字，成、性、和本作「麄」字，郭本作「粗」字。
〔二〕「以布」二字，庫、郭本作「以下」二字。
〔三〕「帶」字，集、性、明、庫、郭、和本作「絞帶」二字。
〔四〕「杖」字，庫本作「丈」字。
〔五〕「放」字，成、性、郭、和本作「倣」字。
〔六〕「曾高祖母」四字，郭本作「高曾祖母」四字。

杖期〔一〕，

服制同上，但又用次等生布。

其正服，則嫡孫，父卒祖在，爲祖母也。其降服〔二〕，則爲嫁母、出母也。其義服，則爲父卒繼母嫁而己從之者也。夫爲妻也。子爲父後，則爲出母、嫁母無服。繼母出則無服也。

不杖期〔三〕，

服制同上，但不杖，又用次等生布。

其正服，則爲祖父母。女雖適人，不降也。庶子之子爲父之母，而爲祖後則不服也。爲伯叔父也。爲兄弟也。爲衆子男女也。爲兄弟之子也。爲姑姊妹女在室及適人而無夫與子者也。婦人無夫與子者，爲其兄弟姊妹及兄弟之子也。妾爲其子也。其

〔一〕「杖期」二字，郭本作「齊衰杖期」四字。

〔二〕「降服」二字，庫本作「服降」二字。

〔三〕「不杖期」三字，郭本作「齊衰不杖期」五字。

加服，則爲嫡孫若曾元〔一〕孫當爲後者也。女適人者，爲兄弟之爲父後者也。其降服，則嫁母、出母爲其子，子〔二〕雖爲父後，猶服也。妾爲其父母也。其義服，則繼母、嫁母爲前夫之子從己者也。爲伯叔母也。爲夫兄弟之子也。繼父同居，父子皆無大功之親者也。妾爲女君也。妾爲君之衆子也。舅姑爲嫡婦也。

五月〔三〕，

服制同上。

其正服，則爲曾祖父母。女適人者不降也。

三月〔四〕。

服制同上。

〔一〕「元」字，集、成、性、和本作「玄」字。
〔二〕「子」字，郭本闕。
〔三〕「五月」二字，郭本作「齊衰五月」四字。
〔四〕「三月」二字，郭本作「齊衰三月」四字。

其正服，則爲高祖父母。女適人者不降也。其義服，則繼父不同居者，謂先〔一〕同今異，或雖同居而繼父有子，己有大功以上親者也。其元不同居者，則不服。

三曰，大功九月。

服制同上，但用稍粗熟布，無負版、衰、辟領。首絰五寸餘，腰絰四寸餘。其正服，則爲從父兄弟姊妹，謂伯叔父之子也。爲衆孫男女也。其義服，則爲衆子婦也。爲兄弟子之婦也。爲夫之祖父母、伯叔父母、兄弟子之婦也。夫爲人後者，其妻爲本生舅姑也。

四曰，小功五月。

服制同上，但用稍熟細〔二〕布，冠左縫。首絰四寸餘，腰絰三寸餘。其正服，則爲從祖祖父、從祖祖姑，謂祖之兄弟姊妹也。爲兄弟之孫。爲從祖父、

〔一〕「先」字，郭本作「始」字。
〔二〕「熟細」二字，集本作「細熟」二字。

從祖姑，謂從祖祖父之子[一]，父之從父兄弟[二]也。爲從父兄弟之子也。爲從祖兄弟姊妹，謂從祖父之子，所謂再從兄弟姊妹者[三]也。爲外祖父母，謂母之父母也。爲舅，謂母之兄弟也。爲甥也。爲從母，謂母之姊妹也。爲姊妹之子也[四]。爲同母異父之兄弟姊妹也。其義服，則爲從祖祖母也。爲夫兄弟之孫也。爲從祖母也。爲夫從兄弟之子也。爲夫之姑姊妹，適人者不降也。女爲兄弟姪之妻，已適人亦不降也。爲娣姒婦，謂兄弟之妻相名，長婦謂次婦曰娣婦，娣[五]婦謂長婦曰姒婦也。庶子爲嫡母之父母、兄弟、姊[六]妹，嫡母死則不服也。母出則爲繼母之父母、兄弟、姊妹也。爲庶母慈己者，謂庶母之乳養己者也。爲嫡孫若曾元[七]孫之當爲後者之婦，其姑在則否也。爲兄弟之妻

〔一〕「從祖祖父之子」六字，和本作「從祖之子」四字，和校稱「『祖之』之間《大全》有『祖父』字」。

〔二〕「兄弟」二字，集、成、性、明、庫、郭、和本作「兄弟姊妹」四字。

〔三〕「者」字，成本闕。

〔四〕「爲甥也。爲從母，謂母之姊妹也。爲姊妹之子也」十八字，集本作「爲甥，謂姊妹之子也。爲從母，謂母之姊妹也」十七字，成、性、和本作「爲甥也，謂姊妹之子也。爲從母，謂母之姊妹也」十八字，和校稱「『甥也』之『也』，恐衍」。

〔五〕「娣」字，和本作「次」字。

〔六〕「姊」字，郭本作「娣」字。

〔七〕「元」字，集、成、性、和本作「玄」字。

也。爲夫之兄弟也。

五曰，緦麻三月。

服制同上，但用極細熟布。首絰三寸，腰絰二寸，竝用熟麻。纓亦如之。其正服，則爲族曾祖父、族曾祖姑，謂曾祖之兄弟姊妹也。爲兄弟之曾孫也。爲族祖父、族祖姑，謂族曾祖父之子也。爲從父兄弟之孫也。爲族父、族姑，謂族祖父之子也。爲從祖兄弟之子也。爲族兄弟姊妹，謂族父之子，所謂三從兄弟姊妹也。爲曾孫元〔二〕孫也。爲外孫也。爲從母兄弟姊妹，謂從母之子也。爲外兄弟，謂姑之子也。爲內兄弟，謂舅之子也。其降服，則庶子爲父後者爲其母，而爲其母之父母兄弟姊妹則無服也。其義服，則爲族曾祖母也。爲夫兄弟之曾孫也。爲族祖母也。爲夫從兄弟之孫也。爲族母也。爲夫從祖兄弟之子也。爲庶孫之婦也。士爲庶母，謂父妾之有子者也。爲乳母也。爲婿〔三〕也。爲妻之父母，妻亡而別娶亦同，即妻之親母雖嫁出，猶服

〔二〕「元」字，集、成、性、和本作「玄」字。

〔三〕「婿」字，集、成、性、明、庫、郭、和本作「壻」字。

也。爲夫之曾祖、高祖也。爲夫之從祖祖父母也。爲兄弟孫之婦也。爲夫兄弟孫之婦也。爲夫之從祖父母也。爲從父兄弟子之婦也。爲夫從兄弟子之婦也。爲夫從父兄弟之妻也。爲夫之從父姊妹，適人者不降也。爲夫之外祖父母也。爲夫之從母及舅也。爲外孫婦也。女爲姊妹之子婦也。爲甥婦也。

凡爲殤服，以次降一等。

凡年十九至十六爲長殤，十五至十二爲中殤，十一至八歲爲下殤。應服期者，長殤降服大功九月，中殤七月，下殤小功五月。應服大功以下，以次降等。不滿八歲，爲無服之殤，哭之以日易月。生未三月，則不哭也。男子已娶，女子許嫁，皆不爲殤。

凡男爲人後、女適人者，爲其私親皆降一等。私親之爲之也亦然。

女適人者降服，未滿被出，則服其本服。已除，則不復服也。

○凡婦服夫黨，當喪而出則除之。

○凡妾爲其私親，則如衆人。

成服之日，主人及兄弟始食粥。

諸子食粥。妻妾及期九月，疏食水飲，不食菜菓〔一〕。五月三月者，飲酒食肉，不與宴樂。自是無故不出。若以喪事及不得已而出入，則乘樸馬布鞍、素轎布簾。

凡重喪未除而遭輕喪，則制其服〔二〕而哭之，月朔設位，服其服而哭之。既畢，返重服。其除之也，亦服輕服。若除重喪而輕服未除，則服輕服以終其餘日。

朝夕哭奠　上食

朝奠，

每日晨起，主人以下皆服其服，入就位。尊長坐哭，卑者立哭。侍者設盥櫛之具于靈牀〔三〕側，奉魂帛出就靈座，然後朝奠。執事者設蔬果脯醢，祝盥手，焚香，斟酒。主人

〔一〕「菓」字，集、成、性、郭、和本作「果」字。
〔二〕「其服」二字，庫本作「其」字。
〔三〕「牀」字，集本作「床」字。

以下再拜，哭盡哀。

食時上食，

如朝奠儀。

夕奠。

如朝奠儀。畢，主人以下奉魂帛入就靈牀〔二〕，哭盡哀。

哭無時。

朝夕之間，哀至則哭於喪次。

朔日，則於朝奠設饌。

〔二〕「牀」字，集、成本作「床」字，性本作「坐」字。

饌用肉魚麪米食羹飯各一器，禮如朝奠之儀。

有新物則薦之。如上食儀。

弔　奠　賻

凡弔，皆素服。幞頭衫帶，皆以白生絹〔一〕爲之。

奠用香、茶、燭、酒、果，有狀。或用食物即別爲文。

〔一〕「白生絹」三字，郭本作「生白絹」三字。

賻用錢帛。

有狀。惟親友分厚者有之。

具刺通名，

賓主皆有官，則具門狀，否則名紙題其陰面。先使人通之，與禮物〔一〕俱入。

入哭，奠訖，乃弔而退。

既通名，喪家炷火然〔二〕燭布席，皆哭以俟。護喪出迎賓入〔三〕至廳事，進揖曰：「竊聞某人傾背，不勝驚怛。敢請入酹，并伸慰禮〔四〕。」護喪引賓入，至靈座前，哭盡哀，再拜焚香，跪酹茶酒，俛伏，興。護喪止〔五〕哭者。祝跪，讀祭文奠賻狀於賓之右，畢，興。

〔一〕「禮物」二字，集本作「禮」字。

〔二〕「然」字，集、成、性、和本作「燃」字。

〔三〕「出迎賓入」四字，集、成、性、和本作「出迎賓，賓入」五字。

〔四〕「慰禮」二字，明、庫、郭本作「慰意」二字。

〔五〕「止」字，庫本作「至」字。

賓主皆哭盡哀。賓再拜，主人哭出，西向，稽顙再拜。賓亦哭，東向答拜，進曰：「不意凶變，某親某官，奄忽傾背，伏惟哀慕，何以堪處。」主人對曰：「某罪逆深重，禍延某親，伏蒙奠酹，并賜臨慰，不勝哀感。」又再拜，賓答拜，又相向哭盡哀。賓先止，寬譬〔一〕主人曰：「脩短有數，痛毒奈何，願抑孝思，俯從禮制。」乃揖而出。主人哭而入。護喪送至廳事，茶湯而退。主人以下止哭。

〇若亡者官尊即云「薨逝」，稍尊即云「捐館」。生者官尊則云「奄棄榮養」，存亡俱無官即云「色養」。若尊長拜賓，禮亦同此，惟其辭各如啓狀之式，見卷末〔二〕。

聞喪　奔喪〔三〕

始聞親喪，哭。

〔一〕「寬譬」二字，和本作「寬慰」二字。
〔二〕「惟其辭各如啓狀之式，見卷末」十二字，郭本闕。
〔三〕「奔喪」，成、性、和本作「奔喪　治葬」四字。

親謂父母也。以哭答使者，又哭盡哀，問故。

易服，

裂布爲四脚白布衫，繩帶麻屨。

遂行。

日行百里，不以夜行。雖哀戚，猶辟害也。

道中哀至則哭。

哭避市邑喧繁之處。

〇司馬公〔一〕曰：「今人奔喪及從柩行者，遇城邑則哭，過則止，是飾詐之道也。」

〔一〕「司馬公」三字，性、和本作「司馬温公」四字。

望其州境、其縣境、其城、其家，皆哭。

家不在城，則〔一〕望其鄉哭。

入門，詣柩前，再拜，再變服，就位哭。

初變服如初喪，柩東西面〔二〕坐，哭盡哀。又變服如小斂〔三〕，亦如之〔四〕。

後四日，成服。

與家人相弔。賓至，拜之如初。

若未得行，則爲位不奠，

〔一〕「則」字，成、性、和本闕。

〔二〕「西面」二字，集、成、性、和本作「西向」二字。

〔三〕「小斂」二字，成、性、和本作「大小斂」三字。

〔四〕「亦如之」三字，集本作「大斂亦如之」五字。

設倚子〔一〕一枚，以代尸柩，左右前後設位，哭如儀〔二〕，但不設奠。若喪側無子孫，則此中設奠如儀。

變服〔三〕，

亦以聞後之第四日。

在道至家，皆如上儀。

若喪側無子孫，則在道朝夕爲位設奠，至家但不變服。其相弔拜賓如儀。

若既葬〔四〕，則先之墓哭拜。

〔一〕「倚子」二字，集、成、性、和本作「椅子」二字。

〔二〕「如儀」二字，郭本作「無儀」二字。

〔三〕「變服」二字，和校稱「『變服』疑當作『成服』」。

〔四〕「若既葬」三字，集、成本作「〇若既葬」。

之墓者，望墓哭，至墓哭[一]拜，如在家之儀。未成服者，變服於墓，歸家詣靈座前哭拜，四日成服如儀。已成服者亦然，但不變服。

齊衰以下[二]，聞喪，爲位而哭。

尊長於正堂，卑幼於别室。

○司馬公[三]曰：「今人皆擇日舉哀。凡悲哀之至，在初聞喪即當哭之，何暇擇日。但法令有不得於州縣公廨舉哀之文，則在官者當哭於僧舍，其它[四]皆哭於本家可也。」

若奔喪，則至家成服。

奔喪者，釋去華盛之服，裝辦即行。既至，齊衰望鄉而哭，大功望門而哭，小功以下至門而哭。入門詣柩前哭，再拜，成服，就位，哭弔如儀。

〔一〕「至墓哭」三字，郭本闕。
〔二〕「齊衰以下」四字，集、成本作「○齊衰以下」。
〔三〕「司馬公」三字，性、和本作「司馬温公」四字。
〔四〕「它」字，集、成、性、和本作「他」字。

若不奔喪，則四日成服。

不奔喪者，齊衰，三日中朝夕爲位會哭。四日之朝成服亦如之。大功以下，始聞喪，爲位會哭，四日成服亦如之。皆每月朔爲位會哭，月數既滿，次月之朔乃爲位會哭而除之。其間，哀至則哭可也。

治葬〔一〕

三月而葬。前期擇地之可葬者。

司馬公〔二〕曰：「古者，天子七月，諸侯五月，大夫三月，士踰月而葬。今五服年月，敕王公以下，皆三月而葬。然世俗信葬師之説，既擇年月日時，又擇山水形勢，以爲子孫貧富貴賤賢愚壽夭盡繫於此，而其爲術又多不同，争論紛紜，無時可決，至有終身不葬，或累世不葬。或子孫衰替，忘失處所，遂棄捐不葬者，正使殯葬實能致人禍福。爲

〔一〕「治葬」二字，成、性、和本闕。
〔二〕「司馬公」三字，性、和本作「司馬温公」四字。

子孫者亦豈忍使其親臭腐暴露而自求其利耶〔一〕。悖禮傷義，無過於此。然孝子之心，慮患深遠，恐淺則爲人所抇〔二〕，深則濕潤速朽，故必求土厚水〔三〕深之地而葬之，所以不可不擇也。」或曰〔四〕：「家貧鄉遠，不能歸葬，則如之何。」公曰：「子游問喪具。夫子曰：『稱家之有亡〔五〕。』子游曰：『有亡〔六〕烏〔七〕乎齊〔八〕。』夫子曰：『有，亡〔九〕過禮。苟亡〔一〇〕矣，斂手足形，還葬，懸棺而窆〔一一〕，人豈有非之者哉。』昔廉范千里負喪，郭平自賣營墓，豈待豐富然後葬其親哉。在禮，未葬不變服，食粥，居廬，寢苫，枕塊，蓋閔親之未

〔一〕「耶」字，性、郭、和本作「邪」字。
〔二〕「抇」字，性、和本下有注「音骨」二字。
〔三〕「水」字，庫本作「小」字。
〔四〕「曰」字，成、性、和本作「問」字。
〔五〕「有亡」二字，性、和本作「有無」二字。
〔六〕「有亡」二字，集、性、和本作「有無」二字。
〔七〕「烏」字，集、成、性、和本作「惡」字，性、和本下有注「音烏」二字。
〔八〕「齊」字，性、和本下有注「子細切」三字。
〔九〕「有亡」二字，集、成、性、和本作「有毋」二字，庫、郭本作「有無」二字。
〔一〇〕「苟亡」二字，集、性、和本作「苟無」二字。
〔一一〕「窆」字，性、和本下有注「彼斂切」三字。

有所歸，故寢食不安，奈何舍之出遊，食稻衣錦，不知其何以爲心哉〔一〕。世人又有遊宦没於遠方，子孫火焚其柩，收燼歸葬者。夫孝子愛親之肌體，故斂而藏之。殘毁它〔二〕人之尸，在律猶嚴，況子孫乃悖謬如此。其始蓋出於羌胡之俗，浸染中華，行之既久，習以爲常，見者恬然曾莫之怪。豈不哀哉。延陵季子適齊，其子死，葬於嬴博之間。孔子以爲合禮。必也不能歸葬，葬于其地可也。豈不猶愈於焚之哉。扫音骨〔三〕，惡音烏，齊子細切〔四〕，窆彼斂反〔五〕。」

○程子曰：「卜其宅兆，卜其地之美惡也。非陰陽家所謂禍福者也。地之美則其神靈安，其子孫盛。若培壅其根而枝葉茂，理固然矣。地之惡者，則反是。然則曷謂地之美者。土色之光潤，草木之茂盛，乃其驗也。父祖子孫同氣，彼安則此安，彼危則此危，亦其理也。而拘忌者惑以擇地之方位，決日之吉凶，不亦泥乎。甚者不以奉先爲

〔一〕「哉」字，郭本闕。
〔二〕「它」字，集、成、性、和本作「他」字。
〔三〕「扫音骨」三字，成本作「○扫音骨」。
〔四〕「切」字，成本作「反」字。
〔五〕「扫音骨……窆彼斂反」段，性、郭、和本闕。

計，而專以利後爲慮，尤非孝子安厝之用心也。惟五患者，不得不謹。須使它〔一〕日不爲道路，不爲城郭，不爲溝池，不爲貴勢所奪，不爲耕犁所及也。」一本云：「所謂五患者，溝，渠，道路，避村落，遠井窖〔二〕。」

○愚〔三〕按，古者，葬地葬日，皆決於卜筮。今人不曉占法，且從俗擇之可也〔四〕。

擇日，開塋域，祠后土。

主人既〔五〕朝哭，帥執事者於所得地掘兆〔六〕，四隅外其壤，掘中，南其壤，各立一標，當南門〔七〕立兩標。擇遠親或賓客一人，告后土氏。祝帥執事者設位於中標之左，南向，設盞注、酒果、脯醢於其前。又設盥盆、帨巾二於其東南，其東有臺架，告者所盥。其西

〔一〕「它」字，成、性、和本作「他」字。
〔二〕「窖」字，集、成、性、和本作「窨」字。
〔三〕「愚」字，集、性、和本闕。
〔四〕「愚按……擇之可也」段，郭本闕。
〔五〕「既」字，集本闕。
〔六〕「兆」字，成、性、和本作「穴」字。
〔七〕「南門」二字，郭本作「南向」二字。

無者，執事者所盥也。告者吉服入，立於神位之前，北向，執事者在其後，東上，皆再拜。告者與執事者，皆盥帨。執事者一人取酒注〔二〕，西向跪，一人取盞，東向跪。告者斟酒，反注，取盞，酹于神位前，俛伏，興，少退，立。祝執版，立〔三〕於告者之左，東向跪，讀之曰：「維某年歲月〔三〕朔日子〔四〕，某官姓名，敢告于后土氏之神。今爲某官姓名，營建宅兆，神其保佑，俾無後艱。謹以清酌脯醢，祇薦于神。尚饗。」訖，復位。告者再拜，祝及執事者皆再拜，徹，出。主人若歸，則靈座前哭，再拜。後放〔五〕此。

遂穿壙，

司馬公〔六〕曰：「今人葬有二法。有穿地直下爲壙，而懸棺以窆者。有鑿隧道，

〔二〕「酒注」二字，和本作「酒左」二字，和校稱「『酒左』恐當作『酒注』」。
〔三〕「立」字，庫本作「告」字。
〔三〕「歲月」二字，集本作「某月」二字。
〔四〕「子」字，郭本闕。
〔五〕「放」字，成、性、和本作「倣」字，郭本作「仿」字。
〔六〕「司馬公」三字，性、和本作「司馬温公」四字。

旁〔一〕穿土室而攛柩於其中者。按，古者唯天子得爲隧道，其它〔二〕皆直下爲壙而懸棺以窆。今當以此爲法。其穿地，宜狹而深。狹則不崩損，深則盜難近也。」

作灰隔。

穿壙既畢，先布炭末於壙底，築實，厚二三寸，然後布石灰、細沙、黄土拌勻者於其上，灰三分，二者各一可也。築實，厚二三尺〔三〕。別用薄板〔四〕爲灰隔，如椁之狀，内以瀝清塗之，厚三寸許，中取容棺〔五〕。墻高於棺四寸許。置於灰上，乃於四旁旋下四物，亦以薄板〔六〕隔之。炭末居外，三物居内，如底之厚。築之既實，則旋抽其板近上，復下炭灰等而築之，及墻之平而止。蓋既不用椁，則無以容瀝清，故爲此制。又炭〔七〕禦木

〔一〕「旁」字，集本作「傍」字。

〔二〕「它」字，成、性、和本作「他」字。

〔三〕「尺」字，庫、郭、和本作「寸」字。

〔四〕「板」字，和本作「版」字。

〔五〕「棺」字，郭本作「椁」字。

〔六〕「板」字，和本作「版」字。

〔七〕「炭」字，成本作「灰」字。

根，辟水蟻，石灰得沙而實，得土而黏，歲久結爲〔一〕全石，螻蟻盜賊皆不能〔二〕進也。○程子曰：「古人之葬，欲比化〔三〕，不使土〔四〕親膚。今奇玩之物，尚〔五〕保藏固密以防損污，況親之遺骨當如何〔六〕哉。世俗淺識，惟欲不見而已。又有求速化之説者，是豈知必誠必信之義。且非欲求其不化也。未化之間，保藏當如是耳〔七〕。」

刻誌石，

用石二片，其一爲蓋，刻云「有宋〔八〕某官某公之墓」，無官則書其字曰「某君〔九〕某

〔一〕「結爲」二字，成、性、和本作「結而爲」三字。
〔二〕「不能」二字，成、性、和本作「不得」二字。
〔三〕「比化」二字，性、郭、和本作「比化者」三字。
〔四〕「土」字，成本作「上」字。
〔五〕「尚」字，郭本闕。
〔六〕「如何」二字，成、性、和本作「何如」二字。
〔七〕「耳」字，成、性、和本作「爾」字，明、庫本作「耶」字。
〔八〕「有宋」二字，成、性、和本闕。
〔九〕「某君」二字，郭本闕。

甫」。其一爲底，刻云「有宋〔二〕某官某公諱某字某，某州某縣人，考諱某，某官，母氏某封某〔三〕。某年月日生，敍歷官遷次，某年月日終，某年月日葬于某鄉某里某處。娶某氏，某人之女。子，男某，某官，女適某官某人」。婦人，夫在，則蓋云「有宋〔三〕某官姓名某封某氏之墓」，無封則云「妻」，夫無官則書夫之姓名。夫亡，則云「某官某公某封某氏」，夫無官則云「某君某甫妻某氏」。其底敍年若干適某氏，因夫、子致封號，無則否。葬之日，以二石字面相向，而以鐵束束之，埋之壙前近地面三四尺間，蓋慮異時陵谷變遷，或誤爲人所動，而此石先見，則人有知其姓名者，庶能爲掩之也。

造明器、

刻木爲車馬、僕從、侍女，各執奉養之物，象平生而小。准〔四〕令，五品六品三十事，

〔二〕「有宋」二字，成、性、和本闕。
〔三〕「母氏某封某」五字，成、性本作「母氏某封」四字，和本作「母某氏某封」五字。
〔三〕「有宋」二字，成、性、和本闕。
〔四〕「准」字，郭本作「準」字。

七品八品二十事，非陞朝官〔一〕十五事。

下帳、謂床〔二〕帳、茵席、倚〔三〕卓之類，亦象平生而小〔四〕。

苞、竹掩一〔五〕，以盛遣奠餘脯。

筲、竹器五，以盛五穀。

〔一〕「陞朝官」三字，郭本作「京朝官」三字。
〔二〕「床」字，性、庫、郭、和本作「牀」字。
〔三〕「倚」字，成、性、和本作「椅」字。
〔四〕「小」字，成本作「尒」字。
〔五〕「一」字，和本作「三」字，和校稱「『三』一作『一』」。

罌、

甆器三，以盛酒脯〔一〕醢。

○司馬公〔二〕曰：「自明器以下，俟實土及半，乃於其旁〔三〕穿便房以貯之。」愚按〔四〕，此雖古人不忍死其親之意，然實非有用之物。且脯肉腐敗生虫〔五〕聚蟻，尤爲非便，雖不用可也。

大轝、

古者柳車制度甚詳。今不能然，但從俗爲之，取其牢固平穩而已。其法用兩長杠，杠上加伏兔，附杠處爲圓鑿。別作小方牀〔六〕以載柩，足高二寸。旁〔七〕立兩柱，柱外施

〔一〕「脯」字，成、性、和本作「醢」字。
〔二〕「司馬公」三字，性、和本作「司馬溫公」四字。
〔三〕「旁」字，集本作「傍」字。
〔四〕「愚按」二字，集、性、和本作「○按」。
〔五〕「虫」字，成、性、明、庫、郭、和本作「蟲」字。
〔六〕「牀」字，成、性、和本作「床」字。
〔七〕「旁」字，集本作「傍」字。

圓枘，令入鑿中，長出其外。枘鑿之間，須極圓滑，以膏塗之，使其上下之際，柩常〔一〕適平。兩柱近上更〔二〕爲方鑿，加横扃，扃兩頭出柱外者，更加小扃。杠兩頭施横杠，横杠上施短杠，短杠上或更〔三〕加小杠。仍多作新麻大索，以備札〔四〕縛。此皆切要實用不可闕者。但如此制而以衣覆棺，亦足以少華道路。或更欲加飾，則以竹爲之格，以綵結之，上如撮蕉亭，施帷幔，四角垂流蘇而已。然亦不可太高，恐多罣礙。不須太〔五〕華，徒爲觀美，若道路遠，決不可爲此虚飾。但多〔六〕用油單裹柩，以防雨水〔七〕而已。

翣。以木爲筐，如扇而方，兩角高。廣二尺，高二尺四寸，衣以白布。柄長五尺。黼翣

〔一〕「常」字，郭本作「嘗」字。
〔二〕「更」字，成本作「便」字。
〔三〕「更」字，成本闕。
〔四〕「札」字，性、和本作「扎」字。
〔五〕「太」字，成、性本作「大」字。
〔六〕「多」字，集本闕。
〔七〕「雨水」二字，成本作「雨」字。

畫黼，黻翣畫黻，畫翣畫雲氣。其緣皆爲雲氣。皆畫以紫准格〔一〕。

作主。

程子曰：「作主用栗。趺方四寸，厚寸二分，鑿之洞底，以受主身。身高尺二寸，博三寸，厚寸二分，剡上五分爲圓首，寸之下，勒前爲頷而判之，四分居前，八分居後。頷下陷中，長六寸，廣一寸，深四分。合之植於趺，下齊。竅其旁以通中，圓徑四分，居三寸六分之下，下距趺面七寸二分。以粉塗其前面。」

○司馬公〔二〕曰：「府君、夫人，共爲一櫝。」

○愚按〔三〕，古者，虞主用桑，將練而後易之以栗。今於此便作栗主以從簡便。或無栗，止用木之堅者。櫝用黑漆，且容一主，夫婦俱入祠堂，乃如〔四〕司馬氏〔五〕之制〔六〕。

〔一〕「准格」二字，郭本闕。
〔二〕「司馬公」三字，性、和本作「司馬温公」四字。
〔三〕「愚按」二字，集、性、和本作「按」字。
〔四〕「乃如」二字，和本作「乃用」二字，和校稱「『乃用』，《大全》作『乃如』」。
〔五〕「司馬氏」三字，集本作「司馬公」三字。
〔六〕「愚按……司馬氏之制」段，郭本闕。

遷柩 朝祖 奠賻 陳器 祖奠

發引前一日，因朝奠以遷柩告。

設饌如朝奠〔一〕。祝斟酒訖，北面跪，告曰：「今以吉辰遷柩。敢告。」俛伏〔二〕，興。主人以下哭盡哀，再拜。蓋古有啓殯〔三〕之奠，今既不塗殯，則其禮無所施。然〔四〕又不可全無節文，故爲此禮也。

奉柩朝于祖。

將遷柩，役者入，婦人退避。主人及衆主人輯杖立視〔五〕。祝以箱奉魂帛前行，詣祠

〔一〕「朝奠」二字，成本作「朔奠」二字。

〔二〕「俛伏」二字，郭本作「俯伏」二字。

〔三〕「啓殯」二字，集本作「遣殯」二字。

〔四〕「然」字，性、和本闕。

〔五〕「輯杖立視」四字，集本後有注「輯，斂也。謂舉之不以拄地也」十一字。

堂前。執事者奉奠及倚〔一〕卓次之，銘旌次之，役者舉柩次之。主人以下從哭〔二〕。男子由右，婦人由左，重服在前，輕服在後，服〔三〕各爲敍。侍者〔四〕在末。無服之親，男居男右，女居女左，皆次主人主婦之後。婦人皆蓋頭。至祠堂前，執事者先布席，役者致柩於其上，北首而出。婦人去蓋頭。祝帥執事者設靈座及奠于柩西，東向〔五〕。主人以下就位立，哭盡哀，止。此禮蓋象平生將出，必辭尊者也。

遂遷于廳事，

執事者設帷於廳事。役者入，婦人退避。祝奉魂帛，導柩右旋。主人以下男女哭從如前，詣〔六〕廳事。執事者布席。役者置柩于席上，南首而出。祝設靈座〔七〕及奠于柩

〔一〕「倚」字，和本作「椅」字。

〔二〕「從哭」二字，和本作「哭從」二字。

〔三〕「服」字，郭本闕。

〔四〕「侍者」二字，集本作「待者」二字。

〔五〕「東向」二字後，集本尚有注「既夕禮，遷于祖，正柩于兩楹間，席升設于柩西，奠設如初。註，奠設如初，東面也。不統於柩，神不西面也。不統柩東，東非神位也」四十八字。

〔六〕「詣」字，集本作「設」字。

〔七〕「靈座」二字，郭本作「靈座位」三字。

前，南向。主人以下就位坐哭〔一〕。藉以薦席。

乃代哭。

如未斂〔二〕之前，以至發引。

親賓致〔三〕奠賻。

如初喪儀。

陳器。

方相在前，狂夫〔四〕爲之。冠服如道士，執戈揚盾。四品以上，四目爲方相，以下，兩

〔一〕「坐哭」二字，庫本作「作哭」二字。
〔二〕「斂」字，明、庫、郭本作「殮」字。
〔三〕「致」字，和校稱「『致』一作『至』」。
〔四〕「狂夫」二字，郭、和本作「役夫」二字。

目爲魌頭。次明器、下帳、苞、筲、甖，以牀舁之。次銘旌，去跗〔一〕執之。次靈車，以奉魂帛、香火。次大轝，轝旁有翣，使人執之。

日晡時，設祖奠。

饌如朝奠。祝斟酒訖，北向跪，告曰：「永遷之禮，靈辰不留，今奉柩車，式遵祖道。」俛伏，興。餘如朝夕奠儀。○司馬公〔二〕曰：「若柩自它〔三〕所歸葬，則行日但設朝奠，哭而行，至葬乃備此及下遣奠禮。」

遣奠

厥明，遷柩就轝。

〔一〕「跗」字，集本作「趺」字。
〔二〕「司馬公」三字，性、和本作「司馬温公」四字。
〔三〕「它」字，集、成、性、和本作「他」字。

轝夫納大轝於中庭，脱柱上横扃。執事者徹祖奠。祝北向，跪，告曰：「今遷柩就轝。敢告。」遂遷靈座，置旁〔一〕側。婦人退避。役夫〔二〕遷柩就轝，乃〔三〕施扃加楔，以索維之，令極牢實〔四〕。男子〔五〕從柩哭降視載，婦人哭於帷中。載畢，祝帥執事者遷靈座于柩前，南向。

乃設遣〔六〕奠。

饌如朝奠，有脯。惟婦人不在。奠畢，執事者徹脯納苞中，置舁牀上，遂徹奠。

祝奉魂帛升車，焚香。

〔一〕「旁」字，性本作「傍」字。
〔二〕「役夫」二字，集、成、性、和本作「召役夫」三字。
〔三〕「乃」字，集、成、性、和本作「乃載」二字。
〔四〕集本「牢實」二字後有注「載謂升柩於轝也。以新絙左右束柩於轝，乃以横木楔柩足兩旁，使不動摇」凡二十九字。
〔五〕「男子」二字，成、性、明、郭、和本作「主人」二字。
〔六〕「遣」字，和本闕。

別以箱盛主，置帛後。至是〔一〕婦人乃蓋頭出帷，降階立哭。守舍者哭辭盡哀，再拜而歸。尊長則不拜。

發引

柩行。方相等前導，如陳器之敘。

主人以下男女哭步從。如朝祖之敘。出門則以白幕夾障之。

尊長次之，無服之親又次之，賓客又次之。

〔一〕「至是」二字，和本作「至此」二字。

皆乘車馬。親賓或先待於墓所，或出郭哭拜，辭歸。

親賓設幄於郭外道旁，駐柩而奠。

如在家之儀。

塗中遇哀則哭。

若墓遠，則每舍設靈座於柩前，朝夕哭奠。食時上食。夜則主人兄弟皆宿柩旁，親戚共守衛之。

及墓　下棺　祠后土　題木主　成墳

未至，執事者先設靈幄、

在墓道西，南向，有倚卓。

親賓次、在靈幄前十數步，男東女西，女〔二〕次北與靈幄相直，皆南向。

婦人幄。在靈幄後壙西。

方相至，以戈擊〔三〕壙四隅。

明器等至，陳於壙東南，北上。

〔二〕「女」字，郭本作「爲」字，性、和本闕。

〔三〕「擊」字，庫本作「繫」字。

靈車至。

祝奉魂帛就幄座。主箱亦置帛後。

遂設奠而退。

酒菓〔一〕脯醢。

柩至。

執事者先布席於壙南〔二〕。柩至，脱載置席上，北首。執事者取銘旌，去杠，置其上〔三〕。

主人男女各就位哭。

〔一〕「菓」字，成、性、郭、和本作「果」字。
〔二〕「壙南」二字，郭本作「壙前」二字。
〔三〕「其上」二字，成、性、明、庫、郭、和本作「柩上」二字。

主人諸丈夫立於壙東，西向，主婦諸婦女立於壙西幄内，東向。皆北上，如在塗之儀。

賓客拜辭而歸。

主人拜之，賓答拜。

乃窆。

先用木杠横於灰隔之上，乃用索四條穿柩底鐶，不結而下之。至杠上則抽索去之。别摺細布若生絹兜柩底而下之，更不抽出，但截其餘棄之。若柩無鐶，即用索兜柩底，兩頭放下，至杠上乃去索，用布如前。大〔二〕凡下柩，最須詳審用力，不可誤有傾墜動摇。主人兄弟宜輟哭，親臨視之。已下，再整柩衣、銘旌，令平正。

〔二〕「大」字，成本作「夫」字。

主人贈。

玄六，纁四，各長丈〔一〕八尺。主人奉置柩旁，再拜稽顙。在位者皆哭盡哀。家貧或不能具此數，則玄纁各一可也。其餘金玉寶玩竝不得入壙，以爲亡者之累。

加灰隔，納〔二〕外蓋，

先度灰隔大小，制薄板〔三〕一片，旁距四墻，取令脗合。至是〔四〕加於柩上，更以油灰彌之。然後旋旋少灌瀝清〔五〕於其上，令其速凝，即〔六〕不透板。約已〔七〕厚三寸許〔八〕，乃〔九〕加外蓋。

〔一〕「丈」字，集本闕。

〔二〕「納」字，集、成、性、明、庫、郭、和本作「内」字。

〔三〕「板」字，成本作「版」字。

〔四〕「至是」二字，和本作「至此」二字。

〔五〕「瀝清」二字，成、性、和本作「瀝青」二字。

〔六〕「即」字，郭本作「而」字。

〔七〕「已」字，明、庫、郭本作「以」字。

〔八〕「許」字，集本作「餘」字。

〔九〕「乃」字，集本作「即」字。

實以灰。

三物拌匀者居下，炭末居上，各倍於底及四旁之厚。以酒灑而躡實之。恐震柩中，故未敢築，但多用之以俟其實爾〔一〕。

乃實土而漸築之。

下土每尺許，即輕手築之。勿令震動柩中。

祠后土於墓左。

如前儀，祝版前同。但云「今爲某官封謚，窆兹幽宅」。神其〔二〕後同。

藏明器等，

〔一〕「爾」字，集本闕，成、性、和本作「耳」字。
〔二〕「神其」二字，郭本闕。

實土及半，乃藏明器、下帳、苞、筲、甖於便〔一〕房，以版塞其門。

下誌石，

墓在平地，則於壙内近〔二〕南先布磚一重，置石〔三〕其上，又以磚四圍之，而覆其上。若墓在山側峻處，則於壙南數尺間〔四〕掘地深四五尺，依此法埋之。

復實以土而堅築之。

下土亦以尺許爲準，但須密杵堅築。

題主。

〔一〕「便」字，明、庫本作「侵」字。
〔二〕「近」字，郭本作「進」字。
〔三〕「石」字，郭本闕。
〔四〕「間」字，和本作「開」字。

執事者設卓子於靈座東南，西向，置硯筆墨〔一〕。對卓置盥盆帨巾如前。主人立於其前，北向。祝盥手，出主，卧置卓上，使善書者盥手，西向立，先題陷中。父則曰：「宋〔二〕故某官某公諱某字某第幾神主。」粉面曰：「皇〔三〕考某官封謚府君神主。」下其〔四〕左旁曰：「孝子某奉祀。」母則曰：「宋〔五〕故某封某氏諱某字某第幾神主。」粉面曰：「皇〔六〕妣某封某氏神主。」旁亦如之。無官封，則以生時所稱爲號。題畢，祝奉置靈座，而藏魂帛於箱中以置其後，炷香斟酒，執板〔七〕出於主人之右，跪讀之。日子同前〔八〕，但〔九〕云：「孤子某，敢昭告于皇〔一〇〕考某官封謚府君。形歸窀〔一一〕穸，神返室堂，

〔一〕「硯筆墨」三字，郭本作「硯筆」二字。
〔二〕「宋」字，成、性、和本闕。
〔三〕「皇」字，成、性、和本闕。
〔四〕「下其」二字，成、性、明、庫、郭、和本作「其下」二字。
〔五〕「宋」字，成、性、和本闕。
〔六〕「皇」字，成、性、和本闕。
〔七〕「板」字，成、性、郭、和本作「版」字。
〔八〕「日子同前」四字，和本作「祝文同前」四字。
〔九〕「日子同前，但」五字，郭本闕。
〔一〇〕「皇」字，成、性、和本闕。
〔一一〕「窀」字，明、庫、郭本作「窆」字。

神主既成。伏惟尊靈，舍舊從新，是憑是依。」畢，懷之，興，復位。主人再拜，哭盡哀，止。母喪，稱「哀子」，後放〔一〕此。凡有封謚，皆稱之，後皆放〔二〕此〔三〕。

祝奉神主升車。

魂帛箱在其後。

執事者徹靈座，遂行。

主人以下哭從，如來儀。至〔四〕墓門，尊長乘車馬，去墓百步許，卑幼亦乘車馬。但留子弟一人監視實土以至成墳。

墳高四尺。立小石碑於其前，亦高四尺。趺高尺許。

〔一〕「放」字，郭本作「倣」字。
〔二〕「放」字，集本作「倣」字。
〔三〕「凡有封謚……放此」段，郭本闕。
〔四〕「至」字，成、性、和本作「出」字。

司馬公〔一〕曰："「按令式，墳碑石獸大小多寡，雖各有品數，然葬者當爲無窮之規。後世見此等物，安知其中不多藏金玉。即〔二〕是皆無益於亡者而反有害。故令式又有貴得同賤，賤不得同貴之文。然則不若不用之爲愈也。」

○今按，孔子防墓之封，其崇四尺，故取以爲法。用司馬公説，别立小碑，但石須闊尺以上，其厚居三之二，圭首而刻其面，如誌之蓋，乃略述其世系名字行實而刻於其左，轉及後右〔三〕而周焉。婦人則俟夫葬乃立，面如夫之〔四〕誌蓋之刻云。

反哭

主人以下，奉靈車，在塗徐行哭。

其反如疑，爲親在彼。哀至則哭。

〔一〕「司馬公」三字，性、和本作「司馬温公」四字。

〔二〕「即」字，集、成、性、明、庫、郭、和本作「邪」字。

〔三〕「刻於其左，轉及後右」，和校稱「『其左』、『後右』，疑左右當换置」。

〔四〕「之」字，集、成、性、和本作「亡」字。

至家，哭。

望門即哭。

祝奉神主入，置于靈座。

執事者先設靈座於故處。祝奉神主入，就位出〔一〕櫝之，并〔二〕魂帛箱置主後。

主人以下，哭于廳事，

主人以下及門哭入，升自西階，哭于廳事。婦人先入，哭於堂。

遂詣靈座前，哭。

盡哀，止〔三〕。

〔一〕「出」字，成、性、明、庫、郭、和本闕。
〔二〕「并」字，成、性、明、庫、郭、和本作「并出」二字。
〔三〕「盡哀，止」三字，和本作大字。

有弔者，拜之如初。

謂賓客之親密者既歸，侍〔一〕反哭而復弔。《檀弓》曰：「反哭之弔也，哀之至也。反而亡焉，失之矣，於是爲甚。」

期九月之喪者，飲酒食肉，不與宴樂。小功以下、大功異居者，可以歸。

虞祭〔二〕

葬之日，日中而虞。或墓遠，則但不出是日可也。若去家經宿以上，則初虞於所館行之。鄭氏曰：「骨肉歸于土，魂氣則無所不之，孝子爲其彷徨〔三〕，三祭以安之。」

主人以下，皆沐浴。

〔一〕「侍」字，集、成、性、明、庫、郭、和本作「待」字。

〔二〕「虞祭」二字，性本前有「家禮四　喪禮」五字。

〔三〕「彷徨」二字，郭本作「徬徨」二字。

或已〔一〕晚不暇，即略自澡潔可也。

執事者，陳器具饌。

盥盆帨巾〔二〕各二於西階西東南上〔三〕。東盆有臺，巾有架，西者無之。凡喪禮，皆放〔四〕此。酒瓶并〔五〕架一〔六〕於靈座東南，置卓子於其東，設注子及盤盞於其上。火爐〔七〕湯瓶於靈座西南，置卓子於其西，設祝版於其上。設蔬果盤盞於靈座前卓上。匕筯居内當中。酒盞在其西，醋楪居其東，果居外，蔬居果内。實酒于瓶。設香案於堂中〔八〕，

〔一〕「已」字，和本作「既」字。

〔二〕「盥盆帨巾」四字，和本作「設盥盆帨巾」五字。

〔三〕「於西階西東南上」七字，集、成、性、和本作「於西階西南上」六字，郭本作「置於東西階南上」七字，和校稱「『上』當作『在』」。

〔四〕「放」字，郭本作「仿」字。

〔五〕「并」字，郭本作「竝」字。

〔六〕「一」字，集本闕。

〔七〕「爐」字，郭本作「鑪」字。

〔八〕「於堂中」三字，成、性、和本作「居堂中」三字。

炷火於香爐〔一〕，束茅聚沙於香案前。具饌如朝奠，陳於堂門外之東。

祝出神主于坐〔二〕，主人以下皆入哭。

主人及兄弟倚杖於室外，及與祭者皆入，哭於靈座前。其位皆北面，以服爲列，重者居前，輕者居後，尊長坐〔三〕，卑幼立，丈夫處東，西上，婦人處西，東上。逐行各以長幼爲序，侍者在後。

降神。

祝止哭者。主人降自西階，盥手帨手，詣靈座前，焚香再拜。執事者皆盥帨，一人開酒，實于注，西面跪，以注授主人，主人跪受。一人奉卓上盤盞，東面跪於主人之左。

〔一〕「爐」字，郭本作「鑪」字。

〔二〕「坐」字，成、性、明、庫、郭、和本作「座」字。

〔三〕「坐」字，和本作「座」字，和校稱「『座』，《大全》作『坐』」。

主人斟酒於盞，以注授執事者，左手取盤盞〔一〕，右手執盞，酹之茅上。以盤盞〔二〕授執事者，俛伏，興，少退，再拜，復位。

祝進饌。

執事者佐之。其設之敍〔三〕如朝奠。

初獻，

主人進詣注子卓前，執注北向立。執事者一人取靈座前盤盞，立於主人之左。主人斟酒，反注於卓〔四〕上，與執事者俱詣靈座前，北向立。主人跪，執事者亦跪，進盤盞。主人受盞，三祭於茅束〔五〕上，俛伏，興。執事者受盞，奉詣靈座前，奠於故處。祝執版，

〔一〕「盞」字，集、成、性、和本闕。
〔二〕「盞」字，郭本作「上」字。
〔三〕「敍」字，集、郭本作「序」字。
〔四〕「卓」字，成、性、明、庫、郭、和本作「卓子」二字。
〔五〕「束」字，和校稱「『束』疑『沙』字」。

出於主人之右，西向跪讀之。前同，但云：「日月不居，奄及初虞。夙興夜處，哀慕不寧。謹以潔牲柔毛、粢盛醴齊，哀薦祫事。尚饗。」祝興，主人哭，再拜，復位，止〔二〕。牲用豕則曰「剛鬣」，不用牲則曰「清酌庶羞」。祫，合也。欲其合於先祖也。

亞獻，主婦爲之。禮如初，但不讀祝，四拜。

終獻。親賓一人，或男或女爲之。禮如亞獻。

侑食。執事者執注，就添盞中酒。

〔二〕「止」字，集、成、性、明、庫、郭、和本作「哭止」二字。

主人以下皆出，祝闔門。

主人立於門東，西向，卑幼丈夫在其後，重行，北上。主婦立於門西，東向，卑幼婦女亦如之。尊長休於它〔一〕所，如食間。

祝啓門，主人以下入哭，辭神。

祝進，當門北向噫歆，告啓門三，乃啓門。主人以下入就位，執事者點茶。祝立于主人之右，西向，告利成，斂主匣之，置故處。主人以下，哭再拜，盡哀止，出就次。執事者徹。

祝埋魂帛。

祝取魂帛，帥執事者埋於屏處潔地。

〔一〕「它」字，成、性、和本作「他」字。

罷朝夕奠。

朝夕哭，哀至哭如初。

遇柔日，再虞。

乙、丁、己、辛、癸爲柔日，其禮如初虞。惟前期一日陳器具饌，厥明夙興，設蔬果酒饌，質明行事。祝出神主于座，祝辭改「初虞」爲「再虞」，「祫事」爲「虞事」爲異。若墓遠，途中遇柔日，則亦於所館行之。

遇剛日，三虞。

甲、丙、戊、庚、壬爲剛日，其禮如再虞。惟改「再虞」爲「三虞」，「虞事」爲「成事」。若墓遠，亦〔一〕途中遇剛日，且闕之，須至家乃可行此祭。

〔一〕「亦」字，郭本闕。

卒哭

《檀弓》曰：「卒哭曰成事。是日也，以吉祭易喪祭。」故此祭漸用吉禮。

三虞後遇剛日，卒哭。前期一日，陳器具饌。

竝同虞祭，惟〔一〕更設玄酒〔二〕瓶一於酒瓶之西。

厥明，夙興，設蔬果酒饌。

竝同虞祭，唯〔三〕更取井花水充玄酒〔四〕。

質明，祝出主。

〔一〕「惟」字，和本作「唯」字。
〔二〕「玄酒」二字，郭本作「元酒」二字。
〔三〕「唯」字，集、郭、和本作「惟」字。
〔四〕「玄酒」二字，郭本作「元酒」二字。

同再虞〔一〕。

主人以哭〔二〕降神。

竝同虞祭。

主人主婦進饌。

主人奉魚肉，主婦盥帨奉麪米食。主人奉羹，主婦奉飯以進，如虞祭之設。

初獻，

竝同虞祭，惟祝執板〔三〕出於主人之左，東向跪讀爲異。詞竝同虞祭，但改「三虞」爲「卒哭」，「哀薦成事」下云：「來日隮祔于祖考某官府君。尚饗。」按〔四〕此云祖考，謂

〔一〕「再虞」二字，集本作「再虞祭」三字。

〔二〕「主人以哭」四字，集、性、明、庫、郭、和本作「主人以下皆入哭」七字，成本作「主人以下入哭」六字。

〔三〕「板」字，集、成、性、明、庫、郭、和本作「版」字。

〔四〕「按」字，成、性、明、郭、和本作「○按」。

亡者之祖考也。

亞獻，終獻，侑食，闔門，啓門，辭神。

竝同虞祭，唯〔一〕祝西階上東面，告利成。

自是朝夕之間，哀至不哭。

猶朝夕哭。

主人兄弟，疏食水飲，不食菜菓〔二〕，寢席枕木。

〔一〕「唯」字，集、和本作「惟」字。
〔二〕「菓」字，成、性、郭、和本作「果」字。

祔

《檀弓》曰：「商〔一〕既練而祔，周卒哭而祔，孔子善商〔二〕。」注〔三〕曰：「期而神之，人情。」然商〔四〕禮既亡，其本末不可考。今三虞卒哭皆用周禮次第，則此不得獨從商〔五〕禮。

卒哭明日而祔。卒哭之祭既徹，即陳器具饌。

器如卒哭，唯〔六〕陳之於祠堂。堂狹，即於廳堂〔七〕，隨便。設亡者祖考妣位於中，南向西上，設亡者位於其東南，西向。母喪則不設祖考位。酒瓶、玄酒瓶於阼階上，火

〔一〕「商」字，集、成、性、郭、和本作「殷」字。
〔二〕「商」字，集、成、性、郭、和本作「殷」字。
〔三〕「注」字，性、和本作「註」字。
〔四〕「商」字，集、成、性、郭、和本作「殷」字。
〔五〕「商」字，集、成、性、郭、和本作「殷」字。
〔六〕「唯」字，和本作「皆」字。
〔七〕「廳堂」二字，集本作「廳事」二字。

爐〔一〕、湯瓶於西階上。具饌如卒哭而三分。母喪則兩分。祖妣二人以上，則以親者。○《雜記》曰：「男子祔于王父則配，女子祔于王母則不配。」注云〔二〕：「有事於尊者，可以及卑，有事於卑者，不敢援尊也。」

厥明，夙興，設蔬果酒饌。

並同卒哭。

質明，主人以下哭於靈前〔三〕。

主人兄弟皆倚杖于階下，入哭，盡哀止。○按，此謂繼祖宗子之喪，其世嫡當爲後者主喪，乃用此禮。若喪主非宗子，則皆以亡者繼祖之宗主此祔祭。

〔一〕「爐」字，郭本作「鑪」字。

〔二〕「注云」二字，集本作「註云」二字，成本作「注」字，性、和本作「註」字。

〔三〕「靈前」二字，集、成、性、明、庫、郭、和本作「靈座前」三字。

○禮注〔一〕云：「祔于祖廟，宜使尊者主之。」

詣祠堂，奉神主出，置于座，

祝軸簾，啓櫝，奉所祔祖考之主，置于座内，執事者奉祖妣之主，置于坐〔二〕，西上。若在它〔三〕所，則置于西階上卓子上，然後啓櫝。○若喪主非宗子而與繼祖之宗異居，則宗子爲告于祖而設虚位以祭，祭訖除之。

還，奉新主入祠堂，置于座，

主人以下還詣靈座所，哭。祝奉主櫝，詣祠堂西階上卓子上。主人以下哭從如從柩之敍。至門，止哭。祝啓櫝，出主〔四〕，如前儀。若喪主非宗子，則唯喪主主婦以下還迎。

〔一〕「注」字，集、性、和本作「註」字。
〔二〕「坐」字，集、成、性、明、庫、郭、和本作「座」字。
〔三〕「它」字，成、性、和本作「他」字。
〔四〕「主」字，集本作「祝」字。

敍立。

若宗子自爲喪主，則敍立如虞祭之儀。若喪主非宗子，則宗子主婦分立兩階之下，喪主在宗子之右，喪主婦在宗子婦之左。長則居前，少則居後。餘亦如虞祭之儀。

降神〔一〕，

若宗子自爲喪主，則喪主行之，若喪主非宗子，則宗子行之。竝同卒哭。

參神，

在位者皆再拜，參祖考妣。

祝進饌。

竝同虞祭。

〔一〕「降神」一條，集、成、性、明、庫、郭、和本在以下「參神」條之後。

初獻，

若宗子自爲喪主，則喪主行之，若喪主非宗子，則宗子行之。竝同卒哭，但酌獻〔一〕先詣祖考妣前。日子〔二〕前同卒哭，祝版但云〔三〕：「孝子某謹以潔牲柔毛、粢盛醴齊，適于皇〔四〕某考某官府君，隮祔孫某官。尚饗。」皆不哭。内喪則云：「皇〔五〕某妣某封某氏，隮祔孫婦某封某氏。」次詣亡者前。若宗子自爲喪主，則祝版同前〔六〕，但云〔七〕：「薦祔事于先考某官府君，適于皇〔八〕某考某官府君。尚饗。」若喪主非宗子，則隨宗子所稱。若亡者於宗子爲卑幼，則宗子不拜。

〔一〕「酌獻」二字，和本作「酌奠」二字。

〔二〕「日子」二字，和本作「甲子」二字，和校稱「『酌奠』，《大全》作『酌獻』，『甲子』作『日子』」。

〔三〕「日子前同卒哭，祝版但云」十字，郭本作「祝版云」三字。

〔四〕「皇」字，成、性、和本闕。

〔五〕「皇」字，成、性、和本闕。

〔六〕「同前」二字，集本作「前同」二字。

〔七〕「祝版同前，但云」六字，郭本作「祝版云」三字。

〔八〕「皇」字，成、性、和本闕。

亞獻，終獻。
若宗子自爲喪主，則主婦爲亞獻，親賓爲終獻。若喪主非宗子，則喪主爲亞獻，主婦爲終獻。竝同卒哭及初獻儀，惟不讀祝。

侑食，闔門，啓門，辭神。
竝同卒哭，但不哭。

祝奉主，各還故處。
祝先納祖考妣神主于龕中匣之，次納亡者神主西階卓子上匣之，奉之反于靈座，出門。主人以下哭從如來儀，盡哀止。若喪主非宗子，則哭而先行，宗子亦哭送之，盡哀止。若祭於它〔一〕所，則祖考妣之主亦如新主納之。

〔一〕「它」字，集、成、性、和本作「他」字。

小祥

鄭氏云：「祥，吉也。」

期而小祥。

自喪至此，不計閏凡十三月。古者卜日而祭，今止用初忌以從簡易。大祥放〔一〕此。

前期一日，主人以下沐浴，陳器具饌。

主人帥〔二〕衆丈夫洒〔三〕掃〔四〕滌濯，主婦帥〔五〕衆婦女〔六〕滌釜鼎，具祭饌。它〔七〕皆如卒哭之禮。

〔一〕「放」字，集、成、性、和本作「倣」字，郭本作「仿」字。
〔二〕「帥」字，成、性、和本作「率」字。
〔三〕「洒」字，成、性、明、庫、和本作「灑」字。
〔四〕「掃」字，郭本作「埽」字。
〔五〕「帥」字，成、性、和本作「率」字。
〔六〕「婦女」二字，郭本作「女」字。
〔七〕「它」字，成、性、和、郭本作「他」字。

設次，陳練服。

丈夫婦人〔一〕各〔二〕設次於別所，置練服於其中。男子以練服〔三〕爲冠，去首絰、負版、辟領、衰，婦人截長裙，不令曳地。應服期者，改吉服，然猶盡其月不服金珠、錦繡〔四〕、紅紫。唯爲妻者，猶服禫，盡十五月而除。

厥明，夙興，設蔬果酒饌。

並同卒哭。

質明，祝出主，主人以下入哭。

皆如卒哭，但主人倚杖於門外，與期親各服其服而入。若已除服者來預祭〔五〕，亦釋

〔一〕「婦人」二字，郭本作「婦女」二字。
〔二〕「各」字，郭本闕。
〔三〕「練服」二字，集本作「練布」二字。
〔四〕「錦繡」二字，成本作「錦綉」二字。
〔五〕「預祭」二字，郭本作「與祭」二字。

去華盛之服。皆哭盡哀，止。

乃出，就次易服，復入哭。

祝止之。

降神，

如卒哭。

三獻，

如卒哭之儀。祝版同前〔一〕，但云〔二〕：「日月不居，奄及小祥。夙興夜處〔三〕，小心畏忌，不惰其身，哀慕不寧。敢用潔牲柔毛、粢盛醴齊，薦此常事。尚饗。」

〔一〕「同前」二字，集本作「前同」二字。
〔二〕「祝版同前，但云」六字，郭本作「祝版云」三字。
〔三〕「處」字，和校稱「『處』一作『寐』」。

侑食，闔門，啓門，辭神。皆如卒哭之儀。

止朝夕哭。惟朔望未除服者會哭。其遭喪以來，親戚之未嘗相見者相見〔二〕，雖已除服，猶哭盡哀，然後敍拜〔三〕。

始食菜果。

大祥

再期而大祥。

〔二〕「相見」二字，郭本闕。
〔三〕「敍拜」二字，庫本作「許拜」二字。

自喪至此，不計閏凡二十五月，亦止用第二忌日祭。

前期一日，沐浴，陳器具饌。

皆如小祥。

設次，陳禫服。

司馬公〔一〕曰：「丈夫，垂腳黲紗幞頭、黲布〔二〕衫、布裹角帶。未大祥間，假以出謁者。婦人冠梳假髻，以鵝黄青碧皂白爲衣履，其金珠紅繡〔三〕皆不可用〔四〕。」

告遷于祠堂。

〔一〕「司馬公」三字，性、和本作「司馬温公」四字。
〔二〕「布」字，郭本作「巾」字。
〔三〕「紅繡」二字，成本作「紅綉」二字。
〔四〕「不可用」三字，郭本作「不可用也」四字。

以酒果告如朔望〔一〕之儀。無〔二〕親盡之祖，則祝版云云，使其主祭告訖，題〔三〕神主如加贈之儀。遞遷而西，虛東一龕以俟新主。若有親盡之祖而其別子也〔四〕，則祝版云云，告畢而遷于墓所不埋。其支子也而族人有親未盡者，則祝版云云，告畢，遷于最長之房，使主其祭。其餘改題遞遷如前。若親皆已盡，則祝版云云，告畢，埋于兩階之間，其餘改題遞遷如前。

厥明，行事，皆如小祥之儀。

惟祝版改「小祥」曰「大祥」，「常事」曰「祥事」。

畢，祝奉神主入于祠堂。

〔一〕「朔望」二字，集、成、性、明、庫、郭、和本作「朔日」二字。

〔二〕「無」字，集、成、性、和本作「若無」二字。

〔三〕「使其主祭告訖，題」七字，集、成、性、和本作「告畢改題」四字，郭本作「告迄改題」四字，明、庫本作「使其主祭告訖改題」八字。

〔四〕「而其別子也」五字，郭本作「其爲別子也」五字。

主人以下，哭從如祔之敍〔一〕。至祠堂前哭，止。

徹靈座。斷杖，棄之屏處。奉遷主埋于墓側。始飲酒食肉而復寢。

禫

鄭氏曰：「澹澹然平安之意。」

大祥之後，中月而禫。

間一月也。自喪至此，不計閏凡二十七月。

前一月下旬，卜日。

下旬之首，擇來月三旬各一日，或丁或亥。設卓子于祠堂門外，置香爐〔二〕、香合、珓

〔一〕「敍」字，郭本作「序」字。
〔二〕「爐」字，郭本作「鑪」字。

珓、盤子于其上，西向。主人禫服西向，衆主人次之，少退北上。子孫在其後，重行北上。執事者，北向東上。主人炷香燻〔一〕珓，命以上旬之日，曰：「某將以來月某日，祗薦禫事于先考某官府君。尚饗。」即以珓擲于盤。以一俯一仰爲吉。不吉，更命中旬之日，又不吉，則用下旬之日。主人乃入祠堂本龕前再拜，在位者皆再拜。主人焚香，祝執辭〔二〕立於主人之左，跪告曰：「孝子某，將以來月某日，祗薦禫事于先考某官府君。卜既得吉。敢告。」主人再拜，降，與在位者皆再拜。祝闔門，退。若不得吉，則不用「卜既得吉」一句〔三〕。

前期一日，沐浴，設位，陳器，具饌。

設神位於靈坐〔四〕故處，它〔五〕如大祥之儀。

〔一〕「燻」字，性、和本作「熏」字。
〔二〕「辭」字，集本作「詞」字。
〔三〕「句」字，集本作「旬」字。
〔四〕「坐」字，集、成、性、明、庫、郭、和本作「座」字。
〔五〕「它」字，集、成、性、郭、和本作「他」字。

厥明，行事，皆如大祥之儀〔一〕。

但主人以下詣祠堂，祝奉主櫝置于西階卓〔二〕上，出主置于座。主人以下，皆哭盡哀。三獻，不哭。改祝版「大祥」爲「禫祭」，「祥事」爲「禫事」。至辭神，乃哭盡哀，送神主至祠堂，不哭。

居喪雜儀

《檀弓》曰：「始死，充充如有窮。既殯，瞿瞿如有求而〔三〕弗得。既葬，皇皇如有望而弗至。練而慨然，祥而廓然。」○「顏丁善居喪。始死，皇皇如有求而弗得。及殯，望望焉如有從而弗及。既葬，慨焉〔四〕如不及，其反而息。」

〔一〕「大祥之儀」四字，和本作「大祥」二字。
〔二〕「卓」字，成、性、明、庫、郭、和本作「卓子」二字。
〔三〕「而」字，郭本闕。
〔四〕「慨焉」二字，成、性、和本作「慨然」二字，集本作「慨」字。

《雜記》，孔子曰：「少連大連，善居喪。三日不怠，三月不解〔一〕。期悲哀，三年憂。」

《喪服四制》曰：「仁者可以觀其愛焉。知者可以觀其理〔二〕焉。彊者可以觀其志焉。禮以治之，義以正之，孝子弟弟貞婦，皆可得而察焉。」

《曲禮》曰：「居喪未葬，讀喪禮。既葬，讀祭禮。喪復常，讀樂章。」

《檀弓》曰：「大功廢業。或曰：大功，誦可也。」今居喪，但勿讀樂章可也〔三〕

《雜記》：「三年之喪，言而不語，對而不問言，言己事也。爲人説爲語〔四〕。」

〔一〕「解」字，郭本作「懈」字。
〔二〕「理」字，庫本作「禮」字。
〔三〕「今居喪……」此注，郭本闕。
〔四〕「言……」此注，郭本闕。

《喪大記》：「父母之喪……非喪事不言……既葬，與人立，君言王事，不言國事。大夫士言公事，不言家事。」

《檀弓》，高子皋執親之喪，未嘗見齒言笑之微〔一〕。

《雜記》：「疏衰之喪，既葬，人請見之則見，不請見人。小功，請見人可也。」又：「凡喪，小功以上，非虞祔練祥，無沐浴。」

《曲禮》：「頭有創則沐，身有瘍則浴。」

《喪服四制》：「百官備，百物具，不言而事行者，杖〔二〕而起。言而後事行者，

〔一〕「言笑之微」此注，郭本闕。
〔二〕「杖」字，集、成、性、郭、和本作「扶」字。

杖而起。身自執事而後行者，面垢而已。」

凡此皆古禮。今之賢孝君子必有能盡之者。自餘相時量力而行之可也。

致賻奠狀〔一〕

具位姓某

某物若干

右謹專送上　某人靈筵。聊備　賻儀香茶酒食，云「奠儀」。伏惟　歆納。謹狀

年月日具位姓某狀降等不用「年」〔二〕。

〔一〕「致賻奠狀」四字以下至本卷卷末，郭本闕。

〔二〕「降等不用年」此注，性、和本闕。

封皮〔一〕狀上某官靈筵　具位姓某謹封〔二〕降等即用面簽，云「某人靈筵　具位姓〔三〕某狀。謹封」〔四〕。

謝狀三年之喪未卒哭，只令子姪發謝書〔五〕。

某郡〔六〕姓名

某物若干

右伏蒙　尊慈降等云「仁私」〔七〕，以某〔八〕　某　親違世大官云「薨没」，特賜平交云「貺」〔九〕

〔一〕性、和本「封皮」二字爲正文而非注文。

〔二〕「封」字，和本作「狀」字。

〔三〕「姓」字，集本闕。

〔四〕「降等即用……謹封」此注，性、和本闕。

〔五〕「書」字，和本作「狀」字，和校稱「注『狀』字一作『書』」。

〔六〕「某郡」二字，性、明、庫、和本作「具位」二字。

〔七〕「降等云仁私」此注，性、和本闕。

〔八〕性、明、庫、和本「某」字下有注「發書者名」四字。

〔九〕「平交云貺」注，性、和本闕。

賻儀奠即云「奠」〔一〕。

下誠平交不用此二字不任哀感之至。謹具平交作「奉」〔二〕狀上平交云「陳」〔三〕謝。謹狀餘竝同前，但封皮〔四〕不用「靈筵」字。

慰人父母亡疏慰嫡孫承重者同。

某頓首再拜言降等云「頓首」〔五〕，不意凶變亡者官尊，即云「邦國〔六〕不幸」。後皆放〔七〕此，先某位無

〔一〕「奠即云奠」四字，性、明、庫、和本作「襚奠隨事」四字。
〔二〕「平交作奉」注，性、和本闕。
〔三〕「平交云陳」注，性、和本闕。
〔四〕「皮」字，庫本作「用」字。
〔五〕「降等云頓首」五字，性、和本注云：「降等止云頓首，平交但云頓首言。」
〔六〕「邦國」二字，和本作「郡國」二字，和校稱「『郡』，一作『邦』」。
〔七〕「放」字，集本作「倣」字。

官即云「先府君」，有契即加「幾丈」於「某位」「府君」之上。○母云「先某封」。無封即云「先夫人」。○承重則〔一〕云「尊祖考某位」、「尊祖妣某封」。餘竝同 奄棄 榮養亡者官尊，即云，「奄捐館舍」，或云〔二〕，「奄忽薨逝」。母封至夫人者，亦云「薨逝」。若生者無官，即云「奄違色養」，承 訃〔三〕驚怛，不能已已〔四〕。伏惟平交云「恭惟」，降等云〔五〕「緬惟」孝心純至，思慕號絶，何以〔六〕堪居，日月流邁，遽踰旬朔經時即云，「已忽經時」。已葬即云，「遽經襄奉〔七〕」。卒哭、小祥、大祥、禫、除，各隨其時，哀痛奈何，罔極奈何。不審 自罹荼毒父在母亡，即云「憂苦」，氣力何如〔八〕。伏乞平交云「伏願」，降等云「惟冀」强加餐粥已葬則云「疏食」，俯從 禮制。某役事所縻在官即云「職業有守」，未由奔 慰。其於

〔一〕「則」字，集本作「即」字。
〔二〕「云」字，成本作「亡」字。
〔三〕「計」字，公、集、成、性、明、庫、和本作「訃」字。
〔四〕「已已」二字，和本作「自已」二字。
〔五〕「云」字，庫本闕。
〔六〕「何以」二字，集、成、性、明、庫、和本作「何可」二字。
〔七〕「奉」，和本作「事」。
〔八〕集、成、性、和本「何如」下有注「平交云何似」五字。

憂戀，無任下誠平交已下〔一〕，但云，「某〔二〕未由奉慰，悲係〔三〕增深」〔四〕，謹奉疏平交云「狀」。伏惟鑒察平交以下去此四字，不備。謹疏平交云，「不宣。謹狀」。月日具位降等用「郡望」，姓某

疏上平交云「狀」某官大孝苦〔五〕前。母亡即云「至孝」，平交以下云「苦〔六〕次」。

封皮〔七〕疏上某官大孝苦前。具位姓某謹封降等即用面簽，云，「某官大孝苦〔八〕次。郡望姓名狀，謹封」。若慰人〔九〕母亡，即云「至孝」。

重封〔一〇〕疏上平交云「狀」某官。具位姓某謹封。

〔一〕「已下」二字，和本作「以下」二字。
〔二〕「某」字，集、成、性、和本闕。
〔三〕「係」字，和校稱「『係』一作『悼』」。
〔四〕「增深」二字，集本作「增彌」二字。
〔五〕「苦」字，和本作「苫」字。
〔六〕「苦」字，和本作「苫」字。
〔七〕和本「封皮」二字爲正文而非注文。
〔八〕「苦」字，和本作「苫」字。
〔九〕「人」字，成本作「人人」二字。
〔一〇〕和本「重封」二字爲正文而非注文。

父母亡答人書〔一〕嫡孫承重者〔二〕同。

某稽顙再拜言降等，「叩首」〔三〕。某罪逆深重，不自死滅，禍延先考母云「先妣」。承重，則祖父云「先祖考」，祖母云「先祖妣」。攀號擗踴，五内分崩，叩地叫天，無所逮及。日月不居，奄踰旬朔隨時同前，酷罰罪苦父在母亡，即云「偏罰罪深」。祖父母亦如之〔四〕，無望生全。即日蒙恩平交以下，去此四字，祗奉几筵，苟存視息。伏蒙尊慈，俯賜慰問，哀感之至，無任下誠平交云，「仰承〔五〕尊慈〔六〕，俯垂慰問，其爲哀感，但切下懷」。降等云，「特承慰問，哀感良深」。○司馬公〔七〕曰：「凡遭父母喪，知舊不以書來弔問，是無相恤之心。於禮不當先發書。不得已，須至先發，即刪

〔一〕「答人書」三字，集、成、性、和本作「答人慰書」四字。

〔二〕「者」字，成本作「老」字。

〔三〕「降等叩首」四字，集、成、性、和本作「降等云叩首，去言字」八字，明、庫本作「降等去言」四字。

〔四〕「祖父母亦如之」六字，集、成、性、和本作「父先亡則母與父同」八字。

〔五〕「仰承」二字，庫本作「承仰」二字。

〔六〕「尊慈」二字，集、成、性、明、庫、和本作「仁恩」二字。

〔七〕「司馬公」三字，性、和本作「司馬温公」四字。

此四句」。未由號訴，不勝隕絶，謹奉疏降等云「狀」。荒迷不次，謹疏降等云「狀」。月日孤子母喪稱「哀子」，俱亡即稱「孤哀子」。承重者稱「孤孫」、「哀孫」、「孤哀孫」姓名疏上　某位座前。謹空。平交以下〔二〕去此二字。

封皮、重封，竝同前〔三〕。

慰人祖父母亡啓狀謂非承重者。伯叔父母、姑、兄、姊、弟、妹、妻、子、姪、孫同。

某啓。不意凶變子孫不用此句，尊祖考某位奄忽違世祖母曰「尊祖妣某封」。無官封，有契，已見上。○伯叔父母姑，即加「尊」字。兄姊弟妹，加「令」字。降等皆加「賢」字。若彼一等之親有數人，即加行第〔三〕，云「幾某位」。無官，云「幾府君」。有契，即加「幾丈」「幾兄」於「某位府君」之上。姑姊妹，則稱以夫姓，云，「某宅尊姑令

〔二〕「平交以下」四字，集、成、性、和本作「○平交以下」。
〔三〕集、成、性、和本「同前」二字後有注「但改具位爲孤子」七字。
〔三〕「第」字，集本作「弟」字。

姊妹」。○妻則云「賢閤〔一〕某封」。無封則但云「賢閤」。○子即云，「伏承令子幾某位」。姪、孫竝同。降等則曰「賢」，無官者稱「秀才」。　承　訃驚怛，不能已已妻改「怛」爲「愕」，子孫但云，「不勝驚怛」。　伏惟「恭緬」，見前〔二〕孝心純至，哀慟摧裂，何可勝任伯叔父母姑云，「親愛加隆，哀慟沈痛，何可堪勝」。兄姊弟妹則云，「友愛加隆」。妻則云，「伉儷義重，悲悼〔三〕沈痛」。子、姪、孫則云，「慈愛隆深，悲慟沈痛」。餘與伯叔父母姑同。

孟春猶寒隨時〔四〕，不審　尊體何似降等云「所履」〔五〕。伏乞平交以下如前深自寬抑，以慰　慈念其人無父母，即但云「遠誠」。連書，不上平。　某事役所縻在官如前，未由趨　慰，其於憂想，無任下誠平交以下如前。　謹奉狀。伏惟　鑒察平交如前。不備平交如前。謹狀。

月日具位姓名狀上某位服前〔六〕平交云「服次」。

〔一〕「閤」字，集、成本作「閣」字。

〔二〕「恭緬見前」四字，性、和本作「恭惟緬惟見前」六字。

〔三〕「悲悼」二字，集本作「悲慟」二字。

〔四〕「隨時」二字，性、和本作「寒温隨時」四字。

〔五〕「降等云所履」五字，性、和本作「稍尊云動止何如，降等云所履何似」十四字。

〔六〕「服前」二字，集、成、性、和本非正文而作注。

封皮、重封，同前。

祖父母亡答人啓狀

謂非承重者。伯叔父母、姑、兄、姊、弟、妹、妻、子、姪〔一〕、孫同。

某啓。家門凶禍伯叔父母姑、兄姊弟妹云，「家門不幸」。妻云，「私家」〔二〕，云，「私門不幸」〔三〕。先祖考祖母云，「先祖妣」。伯叔父母云，「幾伯叔父母」。姑云，「幾家姑」。兄姊云，「幾家兄」、「幾家姊」〔四〕。弟妹云，「幾舍弟」、「幾舍妹」。妻云，「室人」。子云，「小子〔五〕某」。姪云，「從子某」。孫曰〔六〕，「幼孫某」，奄〔七〕忽棄背兄弟

〔一〕「子、姪」二字，和本作「姪、子」。

〔二〕「云，私門不幸……子姪孫，改悲」等一百二十三字，宋版原脱，後有補寫。

〔三〕「妻云，私家云，私門不幸」九字，公、集、成、性、明、庫、和本作「妻云，私家不幸。子姪孫云，私門不幸」十四字。

〔四〕「姊」字，庫本闕。

〔五〕「小子」二字，成本作「小一」二字。

〔六〕「曰」字，和本作「云」字。

〔七〕「奄」字，庫本作「姊」字。

以下云，「喪逝」。子姪孫云，「遽爾夭折」，痛苦摧裂，不自勝堪伯叔父母姑、兄姊弟妹云，「摧痛酸楚〔一〕」，不自堪忍」。妻，改「摧痛」〔二〕爲「悲悼」。子姪孫，改「悲悼」〔三〕爲「悲念」。伏蒙 尊慈，特賜 慰問，哀感之至，不任下誠平交、降等如前。孟春猶寒隨時〔四〕，伏惟「恭緬」，如前〔五〕某位尊體，起居萬福平交不云〔六〕「起居」，降等但云「動止萬福」。某即日 侍奉無父母即〔七〕不用此句，幸免它〔八〕苦，未由面訴，徒增哽塞。謹奉狀上平交云「陳」謝，不備平交如前〔九〕。謹狀。月

日某郡姓名狀上 某位座前。謹空〇平交如前〔一〇〕

〔一〕「酸楚」二字，性、庫、和本作「酸苦」二字。

〔二〕「摧痛」二字，公本作「悲痛」二字。

〔三〕「悲悼」二字，成本作「悲悼字」三字。

〔四〕「隨時」二字，性、庫、和本作「寒温隨時」四字。

〔五〕「恭緬如前」四字，性、和本作「恭惟緬惟見前」六字，庫本作「恭作緬惟見前」六字。

〔六〕「不云」二字，成、性、庫、和本作「不用」二字。

〔七〕「即」字，成本闕。

〔八〕「它」字，成、性、庫、和本作「他」字。

〔九〕「平交如前……家禮卷四終」三十六字，宋版原脱，後補寫。

〔一〇〕「〇平交如前」，成本闕。

封皮、重封，如前。

家禮卷四終〔一〕

〔一〕「家禮卷四終」五字，庫本作「家禮卷四」四字，郭本作「朱子家禮卷四終」七字，和本作「家禮卷之四畢」六字，成、性本闕，集本有「右喪禮附註凡四十九條」一句。

家禮〔一〕

四時祭〔二〕

時祭用仲月。前旬卜日。

孟春〔三〕下旬之首，擇仲月三旬各一日，或丁或亥。主人盛服，立於祠堂中門外，西向。兄弟立於主人之南，少退北上。子孫立於主人之後，重行，西向〔四〕北上。置卓子於主人之前，設香爐〔五〕、香合〔六〕、环珓〔七〕及盤於其上。主人搢笏，焚香薰珓，而命以上旬之日，

〔一〕「家禮」二字，公、明本作「家禮第五」四字，集本作「文公家禮卷第五」七字，庫本作「家禮卷五」四字，郭本作「朱子家禮卷五」六字，和本作「家禮卷之五」五字，成、性本闕。

〔二〕公、成、性、明、庫、郭、和本，「四時祭」三字前有「祭禮」二字，集本前有「祭禮第五」四字。

〔三〕「春」字，和本作「月」。

〔四〕「西向」二字，郭本作「西面」二字。

〔五〕「爐」字，郭本作「鑪」字。

〔六〕「合」字，和本作「盒」字。

〔七〕「环珓」二字，郭本作「杯珓」二字。

曰：「某將以來月某日諏此歲事，適其祖考。尚饗。」即以珓擲于盤，以一俯一仰爲吉。不吉，更卜中旬之日。又不吉，則不復卜，而直用下旬之日。既得日，祝開中門，主人以下北向立，如朔望之位，皆再拜。主人升，焚香再拜。祝執辭〔一〕，跪于主人之左，讀曰：「孝孫某，將以來月某日，祗薦歲事于祖考。卜既得吉。敢告。」用下旬日，則不言「卜既得吉」〔二〕。主人再拜，降復位，與在位者皆再拜。祝闔門，主人以下復西向位〔三〕。執事者立于門西，皆東面北上。祝立于主人之右，命執事者曰：「孝孫〔四〕，將以來月某日，祗薦〔五〕歲事于祖考。有司具脩〔六〕。」執事者應曰「諾」，乃退。

前期三日，齋戒。

前期三日，主人帥衆丈夫致齋于外，主婦帥衆婦女致齋于内。沐浴更衣，飲酒不得

〔一〕「辭」字，集、成、性、和本作「詞」字。
〔二〕「用下旬日，則不言卜既得吉」十一字，集、性本爲小字注。
〔三〕「位」字，和本作「立」字。
〔四〕「孝孫」二字，成、性、明、庫、郭、和本作「孝孫某」三字。
〔五〕「祗薦」二字，郭本作「薦」字。
〔六〕「脩」字，庫、郭本作「修」字。

至亂，食肉不得茹葷，不弔喪，不聽樂。凡凶穢之事，皆不得預〔一〕。

前一日，設位陳器，

主人帥衆丈夫，深衣，及執事灑〔二〕掃〔三〕正寢，洗拭倚〔四〕卓，務令蠲潔。設高祖考妣位於堂西北壁下，南向，考西妣東，各用一倚〔五〕一卓而合之。曾祖考妣、祖考妣、考妣以次而東，皆如高祖之位。世各爲位，不屬。祔位皆於東序，西向北上，或西序〔六〕相向，其尊者居西。妻以下則於階下。設香案於堂中，置香爐〔七〕、香合於其上，束〔八〕茅聚沙於香案前及逐位前地上。設酒架於東階上，別置卓子於其東，設酒注一〔九〕、酹酒盞一、盤

〔一〕「預」字，郭本作「與」字。

〔二〕「灑」字，集、郭本作「洒」字。

〔三〕「掃」字，郭本作「埽」字。

〔四〕「倚」字，和本作「椅」字。

〔五〕「倚」字，和本作「椅」字。

〔六〕「西序」二字，集、成、性、明、庫、郭、和本作「兩序」二字。

〔七〕「爐」字，郭本作「鑪」字。

〔八〕「束」字，庫本作「東」字。

〔九〕「一」字，郭本闕。

一、受胙盤一、匕一、巾一、茶合〔一〕、茶筅、茶盞托、鹽碟〔二〕、醋瓶於其上。火爐〔三〕、湯瓶、香匙、火筯於西階上，別置卓子於其西，設祝版於其上。設盥盆〔四〕帨巾各二於阼階下之東〔五〕，其西者有臺架。又設陳饌大牀于其東。

省牲，滌器，具饌。

主人帥衆丈夫，深衣，省牲，涖〔六〕殺。主婦帥衆婦女，背子，滌濯祭器，潔釜鼎，具祭饌。每位果六品〔七〕，菜蔬〔八〕及脯醢各三品，肉魚饅頭糕各一盤，羹飯各一〔九〕椀，肝各一

〔一〕「合」字，和本作「盒」字。
〔二〕「碟」字，集、成、性、郭、和本作「楪」字。
〔三〕「爐」字，郭本作「鑪」字。
〔四〕「盆」字，性、和本作「盤」字。
〔五〕「東」字，明、庫、郭本作「東面」二字。
〔六〕「涖」字，性本作「莅」字，和本作「膠」字。
〔七〕「六品」二字，郭本作「一品」二字。
〔八〕「菜蔬」二字，集、成、性、和本作「蔬菜」二字。
〔九〕「一」字，郭本闕。

串，肉各二串。務令精潔，未祭之前，勿令人先食及爲猫犬蟲〔一〕鼠所污〔二〕。

厥明，夙興，設蔬果酒饌。

主人以下深衣，及執事者俱詣祭所，盥手，設果〔三〕楪於逐位卓子南端，蔬菜脯醢相間次之。設盞盤醋楪于北端，盞西楪東，匙筯居中。設玄〔四〕酒及酒各一瓶於架上。玄〔五〕酒，其日取井花水，充在酒之西。熾炭于爐〔六〕，實水于瓶。主婦背子，炊〔七〕煖祭饌，皆令極熱，以合〔八〕盛出，置東階下大牀上。

〔一〕「蟲」字，集本作「虫」字。

〔二〕和本無「未祭之前……所污」十七字，而和校載入欄外。

〔三〕「果」字，郭本闕。

〔四〕「玄」字，郭本作「元」字。

〔五〕「玄」字，郭本作「元」字。

〔六〕「爐」字，郭本作「鑪」字。

〔七〕「炊」字，和校稱「『炊』一作『灼』」。

〔八〕「合」字，和本作「盒」字。

質明，奉主就位。主人以下各盛服，盥手，帨手，詣祠堂前。衆丈夫敘立如告日之儀。主婦西階下北向立。主人有母則特位於主婦之前。諸伯叔母、諸姑繼之，嫂及弟婦、姊妹在主婦之左。其〔一〕長於主母主婦者皆少進，子孫婦女、内執事者在主婦之後重行，皆北向東上。立定，主人升自阼階，搢笏焚香，出笏告曰：「孝孫某，今以仲春之月有事于皇〔二〕高祖考某官府君、皇〔三〕高祖妣某封某氏，皇〔四〕曾祖考某官府君、皇〔五〕曾祖妣某封某氏，皇〔六〕祖考某官府君、皇〔七〕祖妣某封某氏，皇〔八〕考某官府君、皇〔九〕妣某封某氏，以某親某官府君、某親某封某氏祔食。敢請神主，出就正寢，恭伸奠獻。」告辭，仲夏秋冬各隨其時。祖考有無

〔一〕「其」字，郭本作「年分」二字。
〔二〕「皇」字，成、性、和本闕。
〔三〕「皇」字，成、性、和本闕。
〔四〕「皇」字，成、性、和本闕。
〔五〕「皇」字，成、性、和本闕。
〔六〕「皇」字，成、性、和本闕。
〔七〕「皇」字，成、性、和本闕。
〔八〕「皇」字，成、性、和本闕。
〔九〕「皇」字，成、性、和本闕。

官爵封謚，皆如題主之文。祔食，謂旁親無後者及卑幼〔一〕先亡者。無即不言。告訖，搢笏斂〔二〕櫝。正位祔位各置一笥，各以執事者一人捧之。主人出笏前導，主婦從後，卑幼在後。至正寢，置于西階卓〔三〕上。主人搢笏啓櫝，奉諸考神主出就位。主婦盥帨升〔四〕，奉諸妣神主亦如之。其祔位則子弟一人奉之。既畢，主人以下皆降，復位。

參神，主人以下敍立，如祠堂之儀。立定，再拜。若尊長老疾者，休於它〔五〕所。

降神。

〔一〕「卑幼」二字，性本作「早逝」二字，和本作「早世」二字。
〔二〕「斂」字，成本作「歛」字，郭本作「斂」字。
〔三〕「卓」字，集、成、性、明、庫、郭、和本作「卓子」二字。
〔四〕「升」字，集本闕。
〔五〕「它」字，集、成、性、郭、和本作「他」字。

主人升，搢笏焚香，少退立〔一〕。執事者〔二〕一人開酒，取巾拭瓶口，實酒于注。一人取東階卓〔三〕上盤盞，立于主人之左，一人執注立于主人之右。主人搢笏，跪。奉盤盞者亦跪，進盤盞，主人受之。執注者亦跪，斟酒于盞。主人左手受盤盞〔四〕，右手執盞，灌于茅上，以盤盞授執事者。出笏，俛伏，興，再拜，降，復位。

進饌。主人升，主婦從之。執事者一人以盤奉魚肉，一人以盤奉米麵〔五〕食，一人以盤奉羹飯〔六〕，從升至高祖位前。主人搢笏，奉肉奠于盤盞之南，主婦奉麵〔七〕食奠于肉西。主

〔一〕「少退立」三字，集、成、性、明、庫、郭、和本作「出笏少退立」五字。
〔二〕「者」字，郭本闕。
〔三〕「卓」字，集、性、和本作「卓子」二字。
〔四〕「受盤盞」三字，集、成、性、明、庫、郭、和本作「執盤」二字。
〔五〕「麵」字，集、性、庫、和本作「麪」字。
〔六〕「飯」字，成本作「飰」字。
〔七〕「麵」字，集、性、庫、和本作「麪」字。

人奉魚奠于醋楪〔一〕之南，主婦奉米食奠于魚東。主人奉羹奠于醋楪〔二〕之東，主婦奉飯〔三〕奠于盤盞之西。主人出笏〔四〕，以次設諸正位，使諸子弟婦女各設祔位。皆畢，主人以下皆降，復位。

初獻，

主人升，詣高祖位前。執事者一人執酒注，立于其右冬月〔五〕即先煖之〔六〕。主人搢笏，奉高祖考盤盞，位前東向立。執事者西向，斟酒于盞。主人奉之，奠于故處。次奉高祖妣盤盞，亦如之。出笏，位前北向立。執事者二人奉高祖考妣盤盞，立于主人之左右。主人搢笏跪，執事者亦跪。主人受高祖考盤盞，右手取盞，祭之茅上，以盤盞授執事者，

〔一〕「楪」字，集、成、性、郭、和本作「楪」字。
〔二〕「楪」字，集、成、性、郭、和本作「楪」字。
〔三〕「飯」字，成本作「飰」字。
〔四〕「出笏」二字，和校稱「『出笏』二字不通」。
〔五〕「冬月」二字，和校稱「『冬月』，一本作『冬日』」。
〔六〕「冬月即先煖之」注，成本闕，郭本此注爲正文而非注文。

反之故處。受高祖妣盤盞，亦如之。出笏，俛伏，興，少退，立。執事者炙肝于爐〔一〕，以碟〔二〕盛之。兄弟之長一人奉之，奠于高祖考妣前，匙筯之南。祝取版，立於主人之左，跪讀曰：「維年歲月朔日子〔三〕，孝元〔四〕孫某官某，敢昭告于皇〔五〕高祖考某官府君、皇〔六〕高祖妣某封某氏。氣序流易，時維仲春，追感歲時，不勝永慕。敢以潔牲柔毛〔七〕、粢盛醴齊，祗薦歲事，以某親某官府君、某親某封某氏祔〔八〕食。尚饗。」畢，興曾祖前〔九〕稱「孝曾孫」，祖前稱「孝孫」〔一〇〕，考前稱「孝子」，改「不勝永慕」爲「昊天罔極」。○凡祔者，伯叔祖父祔于高祖，伯叔父祔于

〔一〕「爐」字，郭本作「鑪」字。

〔二〕「碟」字，集、成、性、郭、和本作「楪」字。

〔三〕「日子」二字，和本作「甲子」二字，郭本作「日」一字。

〔四〕「元」字，成、性、和本作「玄」字。

〔五〕「皇」字，成、性、和本闕。

〔六〕「皇」字，成、性、和本闕。

〔七〕性、和本「柔毛」二字下有注「牲用彘則曰剛鬣」七字。

〔八〕「祔」字，庫本作「祇」字。

〔九〕「曾祖前……皆已見上」段，成、性、和本此段爲正文而非注文，而在此條最後「置盞故處」之後。

〔一〇〕「祖前稱孝孫」五字，集、成、性、和本闕。

曾祖，兄弟祔于祖，子行〔一〕祔于考。餘皆倣〔二〕此。如本位無，即不言「以某親祔食」。○祖考無官及改夏秋冬字，皆已見上。主人再拜，退詣諸位，獻祝如初。每逐位讀祝，畢，即兄弟衆男之不爲亞終獻者，以次分詣本位所祔之位，酌獻如儀，但不讀祝。獻畢，皆降復位。執事者以它〔三〕器徹酒及肝，置盞故處。

亞獻，主婦爲之。諸婦女奉炙肉及分獻如初獻儀，但不讀祝。

終獻。兄弟之長或長男或親賓爲之。衆子弟奉炙肉及分獻如亞獻儀。

侑食，

〔一〕「子行」二字，集、性本作「子孫」二字，和本作「子姪」二字。

〔二〕「倣」字，成、庫本作「放」字，郭本作「仿」字。

〔三〕「它」字，成、性、郭、和本作「他」字。

主人升，搢笏執注，就斟諸位之酒皆滿，立於香案之東南。主婦升，扱匙飯中西柄，正筯，立于香案之西南，皆北向〔一〕再拜，降復位。

闔門。主人以下皆出，祝闔門。無門處即降簾可也。主人立於門東，西向。衆丈夫在其後。主婦立於門西，東向。衆婦女在其後。如有尊長，則少休於它〔二〕所。此所謂厭也。

啓門，祝聲三噫歆，乃啓門。主人以下皆入，其尊長先休於它〔三〕所者亦入，就位。主人主婦奉茶分進于考妣之前。祔位使諸子弟婦女進之。

〔一〕「北向」二字，集本作「北面」二字。
〔二〕「它」字，集、成、性、明、庫、郭、和本作「他」字。
〔三〕「它」字，集、成、性、郭、和本作「他」字。

受胙。執事者設席于香案前。主人就席，北面。祝詣高祖考前，舉酒盤盞，詣主人之右。主人跪，祝亦跪。主人搢笏，受盤盞，祭酒啐酒。祝取匙并〔二〕盤，抄〔三〕取諸位之飯各少許，奉以詣主人之左，嘏于主人曰：「祖考命工祝，承致多福于汝孝孫〔三〕，使汝受祿于天，宜稼于田，眉壽永年，勿替引之。」主人置酒于席前，出笏，俛伏，興，再拜，搢笏，跪受飯嘗之，實于左袂，掛袂于季指，取酒卒〔四〕飲。執事者受盞，自右置注旁。受飯〔五〕自左亦如之。主人執笏，俛伏，興，立於東階上，西向。祝立於西階上〔六〕，告利成，降復位，與在位者皆再拜。主人不拜，降復位。

〔二〕「并」字，郭本作「竝」字。
〔三〕「抄」字，郭本作「鈔」字。
〔三〕集、成、性、和本「汝孝孫」三字下有「來汝孝孫」四字，和校稱「《少牢禮》註：來讀曰釐，釐，賜也」。
〔四〕「卒」字，公、郭、和本作「啐」字。
〔五〕「飯」字，庫本作「飲」字。
〔六〕集、成、性、明、庫、郭、和本「西階上」三字後有「東向」二字。

辭神。

主人以下皆再拜。

納主，

主人主婦皆升，各奉主納于櫝。主人以笥斂櫝，奉歸祠堂如來儀。

徹。

主婦還，監徹酒之在盞注它〔一〕器中者，皆入于瓶，緘封之。所謂福酒。果蔬肉食並傳于燕器。主婦監滌祭器而藏之。

餕。

〔一〕「它」字，集、成、性、郭、和本作「他」字。

是日主人監分祭胙，品取少許置于合〔一〕，并〔二〕酒皆封之，遣僕執書，歸胙於親友。遂設席，男女異處，尊行自爲一列，南面，自堂中東西分首。若止一人，則當中而坐。其餘以次相對，分東西向。尊者一人先就坐，衆男敍立，世爲一行，以東爲上，皆再拜。子弟之長者〔三〕一人少進立〔四〕，執事者一人執注立于其右，一人執盤盞立于其左，獻者搢笏跪弟獻則尊者起立，子姪〔五〕則坐〔六〕，受注斟酒，反注受盞。祝曰：「祀事既成，祖考嘉饗。伏願某親，備膺五福，保族宜家。」授執盞者置于尊者之前，長者出笏，尊者舉酒畢，長者俛伏，興，退復位，與衆男皆再拜。尊者命取注及長者之盞置于前，自斟之，祝曰，「祀事既成，五福之慶，與汝曹共之」，命執事者以次就位，斟酒皆徧。長者進，跪受飲畢，俛伏，興，退立。衆男進揖，退立，飲。長者與衆男皆再拜。諸婦女獻女尊長於內，如衆男之儀，但不跪。既畢，乃就坐，薦肉食。諸婦女詣堂前，獻男尊長壽，男尊長酢之如儀。

〔一〕「合」字，和本作「盒」字。
〔二〕「并」字，郭本作「竝」字。
〔三〕「長者」二字，郭本作「尊者」二字。
〔四〕「立」字，成本闕。
〔五〕「子姪」二字，郭本作「於子姪」三字。
〔六〕性、郭、和本「弟獻……則坐」段爲正文而非注文，成本闕。

衆男詣中堂，獻女尊長壽，女尊長酢之如儀。乃就坐，薦麵〔一〕食。内外執事者各獻内外尊長壽如儀而不酢。遂就斟在坐者徧，俟皆舉，乃再拜退。遂薦米食，然後泛行酒，間以祭饌。酒饌〔二〕不足，則以它酒它饌〔三〕益之。將罷，主人頒胙于外僕，主婦頒胙于内執事者，徧及微賤。其日皆盡，受者皆再拜，乃徹席。

凡祭，主於盡愛敬之誠而已。貧則稱家之有無，疾則量筋力而行之。財力可及者，自當如儀。

初祖

惟繼始祖之宗得祭。

〔一〕「麵」字，集、性、郭、和本作「麪」字。
〔二〕「酒饌」二字，郭本闕。
〔三〕「它酒它饌」四字，集、成、性、郭、和本作「他酒他饌」四字。

冬至祭始祖。

程子曰：「此厥初生民之祖也。冬至，一陽之始，故象其類而祭之。」

前期三日，齋戒。

如時祭之儀〔一〕。

前期一日，設位。

主人衆丈夫，深衣，帥執事者灑〔二〕掃〔三〕祠堂，滌濯器具，設神位於堂中間北壁下，設屏風於其後，食牀於其前。

陳器，

〔一〕「儀」字，成本作「宜」字。
〔二〕「灑」字，集、郭本作「洒」字。
〔三〕「掃」字，郭本作「埽」字。

設火爐〔一〕於堂中，設炊烹之具于東階下盥東，炙具在其南。束〔二〕茅以下，竝同時祭。主婦衆婦女，背子，帥執事者滌濯祭器，潔釜鼎，具果楪六、盤三、杅六、小盤三、盞盤匙筯各二、脂盤一〔三〕、酒注酹酒盤盞一、受胙盤匙一。

○按〔四〕，此本合〔五〕用古祭器，今恐私家或不能辦，且用今器以從簡便。神位用蒲薦加草席，皆有緣，或用紫褥。皆長五尺，闊二尺有半。屏風如枕屏之制，足以圍席三面。食牀，以版〔六〕爲面，長五尺，闊三尺餘，四圍亦以版，高一尺二寸，二寸之下乃施版，面皆黑漆。

具饌。

晡時殺牲，主人親割毛血爲一盤，首心肝肺爲一盤，脂雜以蒿爲一盤，皆腥之。左

〔一〕「爐」字，郭本作「鑪」字。

〔二〕「束」字，集本作「東」字。

〔三〕「一」字，成本闕。

〔四〕「按」字，郭本作「案」字。

〔五〕「合」字，集本作「各」字。

〔六〕「版」字，集、庫本作「板」字。

胖不用，右胖前足爲三段。脊爲三段，脅爲三條〔一〕，後足爲三段，去近竅一節不用，凡十一〔二〕體。飯米一杅置于一盤。蔬果各六品。切肝一小盤，切肉一小盤。

厥明，夙興，設蔬果酒饌。

主人深衣，帥〔三〕執事者設玄〔四〕酒瓶及酒瓶于架上。酒注、酹酒盤盞、受胙盤〔五〕匙各一於東階卓子上，祝版及脂盤于西階卓子上，匙筯各一於食牀北端之東西，相去二尺五寸。盤盞各一於筯西。果子〔六〕在食牀南端，蔬在其北。毛血腥盤、切肝肉，皆陳于階下饌牀上。米實階下炊具中，十一〔七〕體實烹具中，以火爨而熟之。盤一杅六，置饌牀上。

〔一〕「條」字，公本作「段」字。
〔二〕「十一」二字，集、性、和本作「十二」二字，和校稱「『十二』當作『十一』」。
〔三〕「帥」字，成本作「率」字。
〔四〕「玄」字，郭本作「元」字。
〔五〕「盤」字，集本作「盤盞」二字。
〔六〕「果子」二字，成、性、和本作「果」字。
〔七〕「十一」二字，集、性、和本作「十二」二字，和校稱「『十二』當作『十一』」。

質明，成服就位。

如時祭儀。

降神，參神，

主人盥升，奉脂盤詣堂中爐〔一〕前，跪告曰「孝孫某，今以冬至，有事于皇〔二〕始祖考、皇〔三〕始祖妣。敢請尊靈，降居神位，恭伸奠獻」。遂燎脂于爐〔四〕炭上，俛伏，興，少退，立，再拜。執事者開酒，主人跪酹〔五〕如〔六〕時祭之儀。

進饌。

〔一〕「爐」字，郭本作「鑪」字。
〔二〕「皇」字，成、性、和本闕。
〔三〕「皇」字，成、性、和本闕。
〔四〕「爐」字，郭本作「鑪」字。
〔五〕「跪酹」二字，性、和本作「跪酹酒于茅上」六字。
〔六〕「如」字，集本作「始」字。

主人升，詣神位前，執事者〔一〕奉毛血腥肉以進。主人受，設之于蔬北，西上。執事者〔二〕出熟肉，置于盤，奉以進，主人受，設之腥盤之東。執事者〔三〕以杅二盛飯〔四〕，杅〔五〕二盛肉湆不和者，又以杅〔六〕二盛肉湆以菜者，奉以進，主人受設之，飯在盞西，大〔七〕羹在盞東，鉶羹在大羹東。皆降，復位。

初獻，如時祭之儀，但主人既俛伏興，兄弟炙肝加鹽，實于小盤以從。祝辭〔八〕曰：「維年

〔一〕「者」字，成本闕。
〔二〕「者」字，成本闕。
〔三〕「者」字，成本闕。
〔四〕「飯」字，集本作「飲」字。
〔五〕「杅」字，和本作「盂」字。
〔六〕「杅」字，和本作「盂」字。
〔七〕「大」字，郭本作「太」字。
〔八〕「辭」字，集、成、性、和本作「詞」字。

歲月朔日子〔一〕，孝孫姓名，敢昭告于皇〔二〕初祖考、皇〔三〕初祖妣。今以中冬〔四〕陽至之始，追惟〔五〕報本，禮不敢忘。謹以潔牲柔毛、粢盛醴齊，祗薦歲事。尚饗〔六〕。」

亞獻，

如時祭之儀，但衆婦炙肉加鹽以從。

終獻。

如時祭及上儀。

侑食，闔門，啓門，受胙，辭神，徹，餕。

〔一〕「日子」二字，和本作「甲子」二字，郭本作「日」字，和校稱「『甲子』，《大全》作『日子』」。
〔二〕「皇」字，成、性、和本闕。
〔三〕「皇」字，成、性、和本闕。
〔四〕「中冬」二字，郭、和本作「仲冬」二字。
〔五〕「追惟」二字，郭本作「追維」二字。
〔六〕「尚饗」二字，庫本闕。

竝如時祭之儀。

先祖

繼始祖、高祖之宗得祭。繼始祖之宗則自初祖而下，繼高祖之宗則自先祖而下。

立春祭先祖。

程子曰：「初祖以下，高祖以上之祖也。立春，生物之始，故象其類而祭之。」

前三日，齋戒。

如祭初祖〔二〕之儀。

前一日，設位陳器，

〔二〕「初祖」二字，集、成、性、和本作「始祖」二字。

如祭初祖之儀。但設祖考神位于堂中之西，祖妣神位于堂中之東，蔬果楪〔一〕各十二，大盤六，小盤六。餘竝同。

具饌。

如祭初祖之儀。但毛血爲一盤，首心爲一盤，肝肺爲一盤，脂蒿〔二〕爲一盤，切肝兩小盤，切肉四小盤。餘竝同。

厥明〔三〕，夙興，設蔬果酒饌。

如祭初祖之儀。但每位匙筯各一，盤盞各二，置階下饌牀上。餘竝同。

質明，盛服就位，降神，參神。

〔一〕「楪」字，庫本作「碟」字。
〔二〕「蒿」字，和校稱「『蒿』，《大全》作『膏』」。
〔三〕「厥明……」段及注，成本闕。

如祭初祖〔一〕之儀。但告辭〔二〕改「始」爲「先」〔三〕。餘竝同〔四〕。

進饌。如祭初祖之儀。但先詣祖考位，奉〔五〕毛血〔六〕、首心〔七〕、前足上二節、脊三節〔八〕、後足上一節。次詣祖妣位，奉肝肺、前足一節、脅三節、後足下一節。餘竝同。

初獻，如祭初祖之儀。但獻兩位，各俛伏興，當中少立，兄弟炙肝兩小盤以從。祝詞改

〔一〕「初祖」二字，集、成、性、和本作「始祖」二字。

〔二〕「辭」字，集、成、性、和本作「詞」字。

〔三〕「改始爲先」四字，郭本作「改始祖爲先祖」六字。

〔四〕「餘竝同」三字，郭本闕。

〔五〕「奉」字，性、和本作「瘞」字。

〔六〕「毛血」二字，成本闕。

〔七〕「首心」二字，性、和本作「奉首心」三字。

〔八〕「脊三節」三字，和本作「脊二節」三字，和校稱「『脊二』之『二』，疑當作『三』」。

「初」爲「先」〔一〕，「中冬〔二〕陽至」爲「立春生物」。餘竝同。

亞獻，終獻。如祭初祖之儀，但從炙肉各二小盤。

侑食，闔門，啓門，受胙，辭神，徹，餕。竝如祭初祖儀。

禰

繼禰之宗以上皆得祭，惟支子不祭。

季秋祭禰。

〔一〕「改初爲先」四字，郭本作「改初祖爲先祖」六字。

〔二〕「中冬」二字，郭、和本作「仲冬」二字。

程子曰：「季秋，成物之始。亦象其類而祭之。」

前一月下旬，卜日。

如時祭之儀。惟告辭改「孝孫」爲「孝子」，又改「祖考妣」爲「考妣」。若母在，則止云「皇〔一〕考」，告〔二〕于本龕之前。餘竝同。

前三日，齋戒，前一日，設位陳器，

如時祭之儀。但止於正寢，合〔三〕設兩位於堂中，西上。香案以下竝同。

具饌。

如時祭之儀，二分。

〔一〕「皇」字，成、性、和本闕。
〔二〕「告」字，集、成、性、和本作「而告」二字。
〔三〕「合」字，和本作「各」字。

厥明，夙興，設蔬果酒饌。

如時祭之儀。

質明，盛服詣祠堂，奉神主出就正寢。

如時祭于正寢之儀。但告辭〔一〕云：「孝子某，今以季秋成物之始，有事于皇〔二〕考某官府君、皇〔三〕妣某封某氏。」

參神，降神，進饌，初獻。

（如〔四〕時祭之儀〔五〕，但祝辭〔六〕云：「孝子某官某，敢昭告於皇〔七〕考某官府君、

〔一〕「辭」字，集、成、性、和本作「詞」字。
〔二〕「皇」字，成、性、和本闕。
〔三〕「皇」字，成、性、和本闕。
〔四〕「如」字，明、庫、郭本作「竝如」二字。
〔五〕宋版脱「如時祭之儀……餘竝同」注，今據集本補。
〔六〕「辭」字，郭本作「詞」字。
〔七〕「皇」字，公、集、成、性、和本闕。

皇[一]妣某封某氏[二]。今以季秋成物之始，感時追慕，昊天罔極。」餘竝同[三]。）

亞獻，終獻，侑食，闔門，啓門，受胙，辭神，納主，徹，餕。

竝如時祭之儀。

忌日

前一日，齋戒。

如祭禰之儀。

設位，

[一]「皇」字，公、集、成、性、和本闕。

[二]「孝子某官某……某封某氏」段，庫、明、郭本闕。

[三]「餘竝同」三字，郭本作「餘同」二字，公本闕。

如祭禰之儀，但止設一位。

陳器，

如祭禰之儀。

具饌。

如祭禰之儀〔一〕，一分。

厥明，夙興，設蔬果酒饌。

如祭禰之儀。

質明，主人以下變服。

〔一〕「儀」字，公、成、性、和本作「饌」字。

禰則主人兄弟黲紗幞頭、黲布衫、布裹、角帶。祖以上〔一〕則黲紗衫。旁親則皂紗衫。主婦特髻，去飾，白大衣、淡黄帔。餘人皆去華盛〔二〕之服。

詣祠堂，奉神主出就正寢。

如祭禰之儀。但告辭〔三〕云：「今以某親某官府君遠諱之晨〔四〕，敢請神主，出就正寢，恭伸追慕。」餘竝同。

參神，降神，進饌，初獻。

如祭禰之儀。但祝辭〔五〕云：「歲序流易〔六〕，諱日復臨。追遠感時，不勝永慕。」考

〔一〕「以上」二字，集本作「以下」二字。
〔二〕「盛」字，和校稱「『盛』一作『飾』」。
〔三〕「辭」字，郭本作「詞」字。
〔四〕「晨」字，性、明、庫、郭、和本作「辰」字。
〔五〕「辭」字，郭本作「詞」字。
〔六〕「流易」二字，集、成、性、和本作「遷易」二字。

妣，改「不勝永慕」爲「昊天罔極」。旁〔一〕親云：「諱日復臨，不勝感愴。」若考批，則祝興，主人以下哭盡哀。餘竝同。

亞獻，終獻，侑食，闔門，啓門。

竝如〔二〕祭禰之儀，但不受胙〔三〕。

辭神，納主，徹〔四〕。

竝如祭禰之儀，但不餕〔五〕〔六〕。

〔一〕「旁」字，成本作「旁」字。

〔二〕「如」字，集本作「同」字。

〔三〕「竝如……不受胙」注，郭本闕。

〔四〕「徹」字，郭本作「徹饌」二字。

〔五〕「不餕」二字，成、性、和本作「不哭」二字。

〔六〕「竝如祭禰之儀，但不餕」九字，郭本作「如祭禰之儀」五字。

是日，不飲酒，不食肉，不聽樂，黲巾〔一〕素服素帶以居，夕寢于外。

墓祭

三月上旬擇日，前一日齋戒。

如家祭之儀。

具饌。

墓上每分如時祭之品，更設魚肉米麵〔二〕食各一大盤，以祀〔三〕后土。

厥明，灑掃〔四〕，

〔一〕「巾」字，庫本作「布」字。
〔二〕「麵」字，集、性、庫、郭、和本作「麪」字。
〔三〕「祀」字，集、成、性、和本作「祭」字。
〔四〕「掃」字，郭本作「埽」字。

主人深衣，帥執事者詣墓所，再拜，奉行塋域內外，環繞哀省〔一〕三周。其有草棘〔二〕，即用刀斧鉏斬芟夷。灑掃〔三〕訖，復位再拜。又除地於墓左，以祭后土。

布席陳饌。

用新潔席，陳於墓前，設饌如家祭之儀。

參神，降神，初獻。

如家祭之儀。但祝辭〔四〕云：「某親某官府君之墓，歲〔五〕序流易，雨露既濡，瞻掃〔六〕封塋，不勝感慕。」餘竝同。

〔一〕「哀省」二字，和本作「展省」二字。
〔二〕「草棘」二字，和本作「苴棘」二字。
〔三〕「灑掃」二字，郭本作「洒埽」二字。
〔四〕「辭」字，郭本作「詞」字。
〔五〕「歲」字，集本作「氣」字。
〔六〕「掃」字，郭本作「埽」字。

亞獻，終獻。

竝以子弟親賓爲之〔一〕。

辭神，乃徹。遂祭后土，布席陳饌。

四盤〔二〕于席南端，設〔三〕盤盞匙筯于其北。餘竝同上。

降神，參神，三獻。

同上。但祝辭〔四〕云：「某官姓名，敢昭告于后土氏之神。某恭修〔五〕歲事于某親某官府君之墓。惟時保佑，實賴神休。敢以酒饌，敬伸奠獻。尚饗〔六〕。」

〔一〕「親賓爲之」四字，成、性、和本作「親朋薦之」四字。
〔二〕「四盤」二字，和本作「設四盤」三字。
〔三〕「設」字，和本闕。
〔四〕「辭」字，郭本作「詞」字。
〔五〕「修」字，性、和本作「脩」字。
〔六〕「饗」字，集本作「享」字。

辭神，乃徹而退。

家禮〔一〕

〔一〕「家禮」二字，公、明本作「家禮卷五終」五字，成本作「家禮附録終」五字，庫本作「家禮卷五」四字，郭本作「朱子家禮卷五終」七字，和本作「家禮卷之五畢」六字，性本闕，集本後有「右祭禮附註凡十六條」一句。

家禮附録

李方子曰：「乾道五年九月，先生丁母祝令人憂，居喪盡禮，參酌古今，因成喪葬祭禮，又推之於冠昏，共爲一編，命曰《家禮》。」

年譜○黄㽦云：「先生既成《家禮》，爲一行童竊以逃。先生易簀，其書始出，今行於世。然其間有與先生晚歲之論不合者，故未嘗爲學者道也。」○陳淳云：「嘉定辛未歲過温陵，先生季子敬之倅郡，出示《家禮》一編，云：『此往年僧寺所亡本也。有士人録得，會先生葬日攜來，因得之。』」○楊復云：「《家禮》始成而失之，不及再加考訂。先生既没而書始出。愚嘗竊取先生後來之考訂議論，以與朋友共參考云。」

先生曰：「今廟制以西爲上，至禰處謂之東廟，太廟亦然。」○司馬公云：「所以西上者，神道尚右故也。」

按，先生論廟制，詳見《中庸或問》第二十章。

先生曰：「人家族衆，或主祭者不可以祭及叔伯父之類，則須令其嗣子別得祭之。今且説同居，同出於曾祖，便有從兄弟及再從兄弟衮做一處，祭不得。要好，則主祭者之嫡孫當一日祭其曾祖及祖及父，餘子孫與祭。次日，卻令次位子孫自祭其祖及父。又次日，卻令次位子孫自祭其父。此卻有古宗法意。古今祭禮，這般處皆有之。今要如宗法祭祀之禮，須是先就宗室及世族家行之，做箇樣子，方可使以下士大夫行之。」

楊氏曰：「祔位謂旁親無後及卑幼先亡者，纔祭高祖畢，即使人酌獻祔于高祖者。曾祖、祖、考皆然。」

先生曰：「元旦，在官者有朝謁之禮，恐不得專精於祭事。某鄉里卻止於除夕前三四日行事，此亦更在斟酌也。」

問：「俗節之祭如何。」先生曰：「韓魏公處得好，謂之節祠，殺於正祭。」

○又曰：「今之俗節古所無有，故古人雖不祭，情亦自安。今人既以爲重，至於是日不能不思其祖考，而復以其物享之。雖非禮之正，然亦人情之不能已者。且古人不祭則不敢以燕，況今於此俗節，既已據經而廢祭，而生者則飲食燕樂，隨俗自如，非事死如事生、事亡如事存之意也。愚意，時祭之外，各因鄉俗之舊，以其所尚之時、所用之物，奉以大槃，陳於廟中，而以告朔之禮奠焉，則庶幾合乎隆殺之節而盡乎委曲之情，可行於久遠而無疑矣。」《答南軒先生書》

先生曰：「焚黄，近世行之墓次，不知於禮何據。張魏公贈謚只告于廟，疑爲得禮。」

按，先生文集有焚黄祝文，云「告于家廟」。

問：「而今士庶亦有始基之祖，只祭四代。四代以上則可不祭否。」先生曰：「若是始基之祖，想亦只存得墓祭。」

楊氏曰：「按《祠堂》章云：『始祖親盡則藏其主於墓所。』然則墓所必有祠堂以奉墓祭。」

《深衣》章云：「度用指尺。」楊氏曰：「按《説文》，周制寸尺咫尋，皆以人之體爲法。」

楊氏云：「按《禮記·深衣》篇云：『袂之長短，反屈之及肘。』然則未嘗以一幅爲拘。」

蔡淵云：「深衣方領與屬衽鉤邊之制，先生謂方領者，只是衣領既交則自有如矩之象。謂屬衽鉤邊者，只是連續裳旁，無前後幅之縫左右交鉤即爲鉤邊，非有別布一幅，裁之如鉤而綴于裳旁也。方領之説，先生已修之《家禮》矣，而續衽鉤邊則未及修焉。」

復按，《禮記》云「衽當旁」，鄭注云：「衽謂裳幅所交裂也。凡衽者或殺而下，或殺而上，是以小要取名焉。屬衣則垂而放之，屬裳則縫之以合前後，上下相變。」《玉藻》又云「續衽鉤邊」，鄭注云：「續猶屬也屬音燭，衽在裳旁者也。屬連之，不殊裳前後也。鉤讀如鳥喙必鉤之鉤，鉤邊若今曲裾也。」又云「純邊」純，之允反，鄭注云：「純謂緣之也，邊，衣裳之側。」《深衣》鄭氏釋續衽之義則甚明白。其釋鉤邊之義，以鉤如鳥喙必鉤，既已難曉，而引曲裾爲證，又復不可考矣。唯朱先生之説爲簡明。蓋鉤有交互之義諺所謂鉤牽、鉤連是也，邊者裳幅之側，謂其相掩而交鉤也。按，《荀子》云「鉤有須，卵有毛」鳥之喙無須而曰有須，卵無毛而曰有毛，蓋堅白異同之論也，則鉤者似又鳥喙之別名也。因附記于此。○衽，蓋衣襟交結之處，所謂左衽右衽是也。若夫交解布一幅，沓而綴於衣之衽處，下垂以掩裳際，以其上屬於衽，故因得衽之名，注所謂衽在裳旁者也。布之交解而屬於衣者，既謂之衽，故其交解而爲深衣之裳者，亦因得衽之名。注所謂衽，謂裳幅所交裂者也。

楊氏曰：「請期之禮，具書遣使如女氏。女氏受書，復書，禮賓，使者復命，竝同納采之儀。」

使者致辭，一用《儀禮》。○按楊氏於《家禮》多欲從《儀禮》及温公《書儀》之詳。愚謂文公固曰：「略浮文，務本實，以自附於孔子從先進之意矣。」故今不得而悉録之也。

先生曰：「親迎之禮，恐當從伊川之説爲是。近則迎於其國，遠則迎於其館妻家就近〔一〕設一處，壻即就彼迎歸。」

先生曰：「昏禮用命服乃是古禮。如士乘墨車而執鴈，皆大夫之禮也。」

先生曰：「《儀禮》雖無娶妻告廟之文，而《左傳》曰：『圍布几筵告於莊共之廟。』是古人亦有告廟之禮。」○問左氏先配後祖之説。先生曰：「左氏固難盡信。然其後説親迎處，亦有布几筵告廟而來之説，恐所謂後祖者譏其失此禮耳。」

〔一〕「近」字，明、庫本作「迎」字。

楊氏曰：「勉齋先生定龔氏親迎禮。主人迎于門外，西面再拜，賓東面答拜。主人揖入，三揖三讓，主人升，西面，賓升，北面，奠鴈。今宜從之。」

司馬公曰：「女子與丈夫爲禮則俠音夾拜。男子以再拜爲禮。女子以四拜爲禮。古無壻婦交拜之儀，今世俗始相見交拜，拜致恭，亦事理之宜，不可廢也。」

先生曰：「某定昏禮，親迎用温公，入門以後則從伊川。」〇又曰：「人著書只是自入些己意便做病。司馬文正與伊川定昏禮都是依《儀禮》，只是各改一處便不是古人意。司馬禮云：『親迎奠鴈，見主昏者即出』不先見妻父母者，蓋以婦未先見舅姑也，是古禮如此。伊川卻教拜了，又入堂拜大男小女，這不是。伊川云：『壻迎婦，既至，即揖入内，次日見舅姑，三月而廟見。』是古禮。司馬禮卻說，婦入門即拜影堂，這又不是。古人初未成婦，次日方見舅姑。蓋先得於夫，方可見舅姑，到兩三月得舅姑意了，舅姑方令見祖廟。某思量，今亦不能三月之久，亦須第二日見舅姑，第三日廟見乃安。」

高氏曰：「始死，廢牀，寢於地」人始生在地，故廢牀，寢於地，庶其生氣之復也。本出《儀禮記》及《喪大記》。

司馬公曰：「古者死之明日小斂，又明日大斂，顛倒衣裳，使之正方，束以絞紟，韜以衾冒，皆所以保其肌體也。今世俗有襲而無大小斂，所闕多矣。然古者，士襲衣三稱衣單複具曰稱，等而上之有差，此非貧者所能辦也。今從簡易，襲用衣一稱，小大斂則據死者所有之衣及親友所襚之衣，隨宜用之。若衣多，不必盡用也。」○楊氏曰：「按高氏一用禮經，襲斂用衣多，故襲有冒，小斂有布絞，大斂有布絞、布紟。司馬公欲從簡易，襲斂用衣少，故小斂雖有布絞，而襲則無冒，大斂則無絞紟，此爲疎略。先生初述《家禮》，皆取司馬公

《書儀》，後與學者論禮，以高氏喪禮爲最善，遺命治喪，俾用儀禮。此可以見其去取折衷之意矣。然欲悉從高氏之説，誠非貧者所能辦，有如司馬公之所慮者，但當量其力之所及可也。」

復按，李方子述先生《年譜》云：「諸生入問疾。葉味道因請曰：『先生之疾革矣。萬一不諱，當用《書儀》乎。』曰：『疎略。』范元裕請曰：『用《儀禮》乎。』先生搖首。蔡沉復請曰：『《儀禮》《書儀》參用如何。』乃頷之。」然則通古今之變，參詳略之中，酌貧富之宜，學禮者不可以不謹也。

問重。先生曰：「《三禮圖》有畫象可考。然且如温公之説，亦自合時之宜，不必過泥於古也。」○楊氏曰：「按禮，大夫無主者，束帛依神。温公用魂帛，蓋本於此。高氏曰：『古人遺衣裳，必置於靈座，既而藏於廟中。』恐當從之而加魂帛於其上可也。」

楊氏曰：「喪服制度，惟辟領一節，沿襲差誤，自《通典》始。按《喪服記》

云，『衣二尺有二寸』。蓋指衣身自領至要之長而言之也。用布八尺八寸，中斷以分左右爲四尺四寸者二，又取四尺四寸者二，中摺以分前後爲二尺二寸者四。此即尋常度衣身之常法也。合二尺二寸者四，疊爲四重，從一角當領處四寸下取方，裁入四寸，乃《記》所謂『適博四寸』，注疏所謂『辟領四寸』是也。辟猶開也。從一角當領處取方，裁開入四寸，故曰辟領。以此辟領四寸反摺向外加兩肩上以爲左右適，故曰適。乃疏所謂兩相向外各四寸是也。辟領四寸，既反摺向外加兩肩上，以爲左右適。故後之左右，各有四寸虚處當脊而相竝，謂之闊中。前之左右，各有四寸虚處當胸而相對，亦謂之闊中。此則衣身所用布之數與裁之之法也。

注又云『加辟領八寸而又倍之』者，謂别用布一尺六寸以塞前後之闊中也。布一條，縱長一尺六寸，横闊八寸，又縱摺而中分之。其下一半，裁斷左右兩端各四寸，除去不用，只留中間八寸，以加後之闊中元裁辟領各四寸處，而塞其闕當脊相竝處，此所謂『加辟領八寸』是也。其上一尺六寸不裁，以布之中間從項上分左右，對摺向前垂下，以加於前之闊中，與元裁斷處當胸相對處相接，以爲左右領也。夫下一半加於後之闊中者，用布八寸，而上一半從項而下，以加於前之闊中者，又倍之而爲一尺六寸焉。此所謂『而又倍之』者是也。此則衣領所用之布與裁之之法也。古者衣服吉凶異制，故衰服領與吉服領不同，而其制如此。

注又云『凡用布一丈四寸』者，衣身八尺八寸，衣領一尺六寸，合爲一丈四寸也此是用布正數，又當少寬其布，以爲針縫之用。然此即衣身與衣領之數，若負衰帶下及兩衽，又在此數之外矣。但領必有袷，此布何從出乎。曰，衣領用布闊八寸而長一尺六寸。古者布幅闊二尺二寸，除衣領用布闊八寸之外，更餘闊一尺四寸而長一尺六寸，可以分作三條，施於袷而適足無餘欠也。

《通典》以辟領爲適，本用注疏，又自謂《喪服記》文難曉，而用臆説以參之。既別用布以爲辟領，又不言制領所用何布，又不計衣身衣領用布之數，失之矣。但知衣身八尺八寸之外，又別用布一尺六寸以爲領。凡用布共一丈四尺〔二〕，則

〔二〕「尺」字，公、性本作「寸」字。

文義不待辯而自明矣。」

又按《喪服記》及注云：「袂二尺二寸。」緣衣身二尺二寸。故左右兩袂亦二尺二寸，欲使縱横皆正方也。《喪服記》又云：「袪尺二寸。」袪者，袖口也。袂二尺二寸，縫合其下一尺，留上一尺二寸以爲袖口也。

又按《喪服記》云：「衣帶下尺。」緣古者上衣下裳，分别上下，不相侵越。衣身二尺二寸，僅至腰而止，無以掩裳上際。故於衣帶之下，用縱布一尺，上屬於衣。横繞於腰，則以腰之闊狹爲準，所以掩裳上際而後綴兩衽於其旁也。

已上，度用指尺中指中節爲寸，首絰腰絰圍九寸七寸之類亦同。

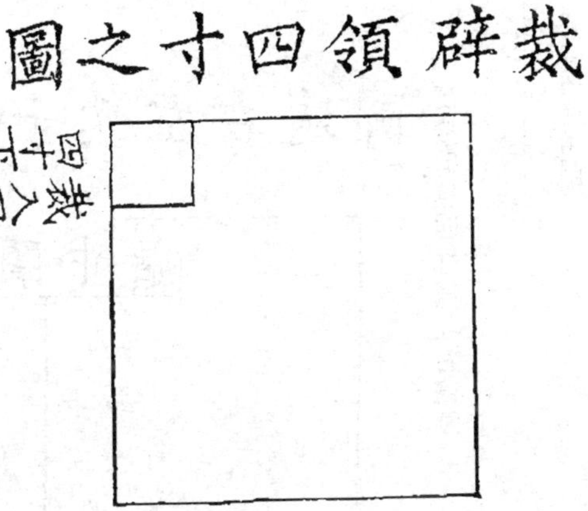

裁辟領四寸之圖

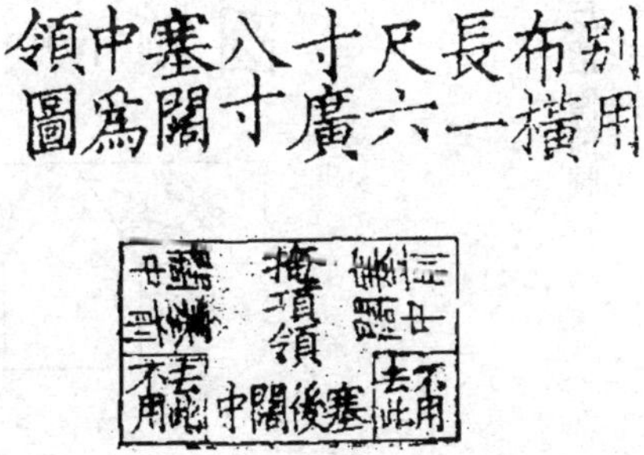

別用布橫長一尺六寸廣八寸塞闊中爲領圖〔二〕

〔二〕庫、郭本闕此兩圖。

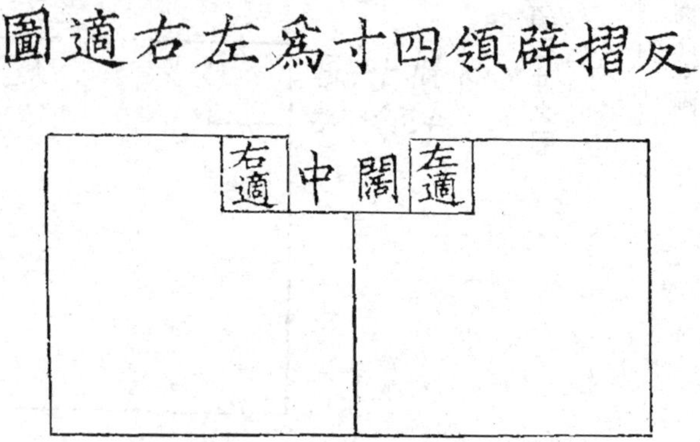

反摺辟領四寸爲左右適圖

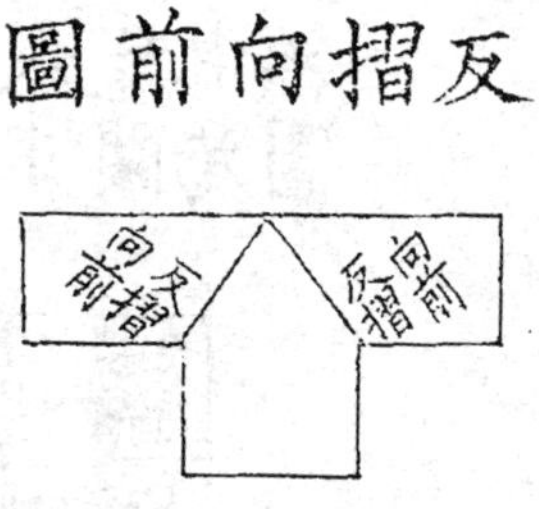

反摺向前圖〔一〕

〔一〕庫、郭本闕此兩圖。

加領於衣前圖

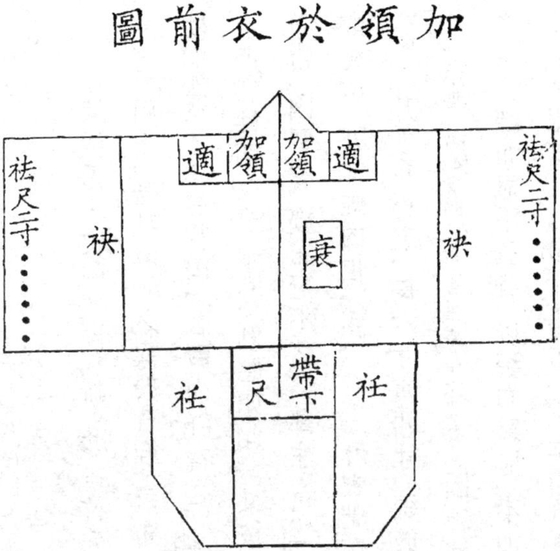

加領於衣後圖〔一〕

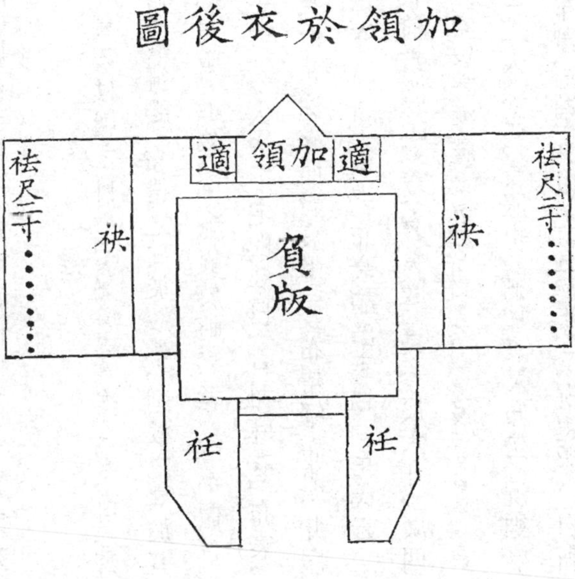

〔一〕庫、郭本闕此兩圖。

楊氏曰：「《儀禮》注云：『前有衰，後有負版，左右有辟領。孝子哀戚之心，無所不在。』疏云：『衰者有哀摧之志，負者負其悲哀，適者指適，緣於父母，不念餘事。』又按注疏，衰、負版、辟領，惟子爲父母用之，旁親則不用也。」

按《儀禮·喪服》，於《斬衰》章首列冠絰衰裳杖屨之目（其制度則詳見於本篇之記），自《齊衰》章而下，若牡麻絰之異於苴絰，冠布纓之異於繩纓，布帶之異於絞帶，削杖之異於苴杖，疏屨之異於菅屨，悉數而詳言之。若衰、負版、辟領，則無異於斬衰者，故不復言。自齊衰杖期以至緦麻，例應如此。又按《雜記》：「大夫卜宅與葬日，有司麻衣，布衰，布帶，因喪屨，緇布冠不蕤。」鄭注云：「麻衣，白布深衣而著衰焉，及布帶緇布冠，此服非純吉，亦非純凶也。」疏云：「麻衣謂白布深衣（十五升，吉布也），布衰謂麤衰也。皇氏云：『以三升半布爲衰，長六寸廣四寸，綴於深衣前當胸上。又有負版，長一尺六寸，廣四寸，布帶以布爲帶（齊衰三年，用布帶）。因喪屨，謂因喪之繩屨』（《喪服小記》云：「齊衰三月與大功同者繩屨。」）緇布冠不蕤者，以緇布爲冠，不加緌也。」夫深衣，吉服也，猶加衰及布帶，況緦麻以上之服乎。有司，非親也，所服猶有衰，用布帶，況緦麻以上之親乎，又況喪服。自斬衰至緦，皆有絰有帶，服必相稱，不應有絰帶而無衰及負版、辟領。注疏以爲用之父母而不用之旁親，似未然也。

楊氏曰：「《家禮》用《書儀》服制，婦人皆不杖，與《喪大記》、《喪服小記》不同。恨未得質正。」

《喪大記》云：「三日子夫人杖，五日大夫世婦杖。」《喪服小記》云：「女子子在室，爲父母。其主喪者不杖，則子一人杖。」

先生曰：「宗法雖未能立，然服制自當從古父爲長子三年〔一〕。是亦愛禮存羊之意，不可妄有改易也。如漢時宗子法已廢，然其詔令猶云：『賜民當爲父後者爵一級。』是此禮猶在也。豈可謂宗法廢而庶子皆得爲父後者乎。」

〔一〕「父爲長子三年」六字，明、庫本爲正文而非注文。

楊氏曰：「《不杖期章》，其正服當添姊妹既嫁相爲服一條，其義服當添父母在爲妻一條。」

先生曰：「喪禮須從《儀禮》爲正。如父在爲母期，非是薄於母，只爲尊在其父，不可復尊在母。然亦須心喪三年。這般處皆是大項事，不是小節目，後來都失了。而今國家法爲所生父母皆心喪三年，此意甚好。」○楊氏曰：「今服制令庶子爲後者爲其母緦，亦解官申心喪三年。」○母出及嫁，爲父後者雖不服，申心喪三年。○爲人後者，爲其父母不杖期，亦解官申心喪三年。○嫡孫，祖在，爲祖母齊衰杖期。雖期而除，仍心喪三年。

楊氏曰：「長子主喪以奉饋奠，以子爲母喪，恩重服重故也。朔奠則父爲主者，朔殷奠，以尊者爲主也。《喪服小記》曰：『婦之喪，虞卒哭，其夫若子主之。』虞卒哭，皆殷祭故也。朔祭亦殷祭，故夫主之。」

楊氏曰：「按程子、張子與朱先生後來之説見《祭禮》降神條，奠酒則安置於神座前，既獻則徹去。酹者初酌酒，則傾少酒於茅，代神祭也。今人直以奠爲酹而盡傾之於地，非也。與《家禮》所謂入酹、跪酹似相牴牾弔奠賻條，當以後來之説爲正。」

問合葬夫婦之位。先生曰：「某葬亡室時，只存東畔一位，亦不曾考禮是如何。」陳安卿云：「地道以右爲尊，恐男當居右。」先生曰：「祭時以西爲上，則葬時亦當如此方是。」

廖子晦問葬法。先生曰：「後來講究木椁瀝清，似亦無益。但於穴底先鋪炭屑，築之厚一寸許，其上即鋪沙灰，四傍即用炭屑，側厚寸許，下與先鋪者相接此所謂四傍，謂沙灰之四傍也。築之既平，然後安石椁於其上。四傍又下三物如前此所謂四傍，謂石椁之四傍也。棺底及棺四傍上面，復用沙灰實之此謂棺之外，椁之内，俟滿加蓋，復布沙灰而加炭屑於其上。然後以土築之，盈坎而止。蓋沙灰，以隔螻蟻，愈厚愈佳。頃嘗見籍溪先生説，嘗見用灰葬者，後因遷葬則見灰已化爲石矣。炭屑則以隔木根之自外至者，亦里人改葬所親見。故須令在沙灰之外，四面周密，都無縫罅，然後可以爲固。但法中不許用石椁，故此不敢用全石，只以數片石合成，庶幾不戾法意爾。」

先生曰：「某舊爲先人飾棺，考制度，作帷荒。延平先生以爲不切。而今禮文覺繁多，使人難行。後聖有作，必是裁減了，方始行得。」

先生曰：「伊川制士庶不用主，只用牌子。」又曰：「若是士人，用主亦無大利害。」又曰：「主式乃伊川先生所制，初非朝廷立法，固無官品之限。萬一繼世無官，亦難遽易，但繼此不當作爾。牌子亦無定制。切意亦須似〔一〕主

〔一〕「似」字，明、庫本作「是」字。

之大小高下，但不爲判合陷中可也。凡此皆是後賢義起之制，今復以意斟酌如此。若古禮則未有考也。」

楊氏曰：「古禮啓殯，斬衰男子括髮，婦人髽。蓋小斂括髮髽，啓殯見尸柩，故變同小斂。今既不塗殯則亦不啓，雖不變服可也。啓殯之後，男子免，至虞卒哭皆免，今《家禮》皆不用。」

楊氏曰：「高氏禮，遣奠之祝辭曰：『靈輀既駕，往即幽宅。載陳遣禮，永訣終天。』」

問：「夫在，妻之神主宜書何人奉祀。」先生曰：「旁注施於所尊，以下則不必書也。」

先生曰：「温公以虞祭讀祝於主人之右，卒哭讀祝於主人之左，蓋得禮意。」

楊氏曰：「高氏禮，卒哭之祝辭曰：『日月不居，奄及卒哭。叩地號天，五情糜潰。謹以清酌庶羞，哀薦成事。尚饗。』」

楊氏曰：「父在祔妣，則父爲主，乃是夫祔妻於祖妣。三年喪畢，尚祔於祖妣，待父它日三年喪畢，遞遷祖考妣，始妣考同遷也。胡泳曰：『先生内子之喪主，只祔在祖妣之旁，此當爲據』。」

先生曰：「古者昭穆之次，昭常爲昭，穆常爲穆，故祔新死者于其祖父之廟，則爲告其祖父以當遷他廟，而告新死者以當入此廟之漸也。今公私之廟皆爲同堂異室以西爲上之制，而無復左昭右穆之次。一有遞遷則羣室皆遷，而新死者當入于其禰之故室矣。此乃禮之大節，與古不同。而爲禮者猶執祔于祖父之文，似無意義。然欲遂變而祔于禰廟，則又非愛禮存羊之意。竊意與其依違牽制而均不免爲失禮，曷若獻議于朝，盡復公私之廟皆爲左昭右穆之制，而一洗其繆之爲快乎。」

楊氏曰：「《儀禮·喪服記》載衰負版辟領之制，而不言衰負版辟領何時而除。《家禮》并首絰竝去於小祥之時，蓋用司馬公《書儀》云。」

按《間傳》云：「期而小祥，男子除乎首謂首絰也，婦人除乎帶謂腰絰也。」故《家禮》《書儀》以小祥去首絰也。

問：「子爲母大祥及禫，夫已無服，其祭當如何。」先生曰：「今禮几筵必三年而除，則小祥大祥之祭皆夫主之。但小祥之後，大即除服，大祥之祭恐須素服如弔服可也。但改其祝詞，不必言爲子而祭也。」○先生曰：「主祭者雖已除服，亦何害於與祭乎。但不可純用吉服，須如弔服及忌日之服可也。」

問祧主。先生曰：「天子諸侯有大廟夾室，祧主藏於其中。今士人家無此，祧主無可置處，不得已只埋於墓所。」

先生曰：「横渠説：『三年後祫祭於太廟，因其祭畢還主之時，遂奉祧主歸於夾室，遷主新主皆歸于其廟。』此似爲得禮。鄭氏《周禮》注大宗伯享先王處，似亦有此意。」

李繼善曰：「既祥而撤几筵，其主且祔于祖父之廟，俟祫畢而後遷。」○楊氏曰：「世次迭遷，昭穆繼序，其事至重。家禮但以酒果告遷于祠堂，恐禮太輕。當於吉祭前一夕以薦告還主畢，乃題神主。厥明合祭畢，奉祧主埋于墓所，奉遷主新主各歸于廟。」○高氏告祔遷祝文曰：「年月日，孝曾孫某，罪積不滅，歲及免喪。世次迭遷，昭穆繼序。先王制禮，不敢不至。」

司馬公曰：「《士虞禮》注云：『自喪至禫，凡二十七月。』三年之喪，二十五月而畢，禫祭在祥月之中。今律勑三年之喪皆二十七月而除，不可違也。」○先生曰：「二十五月，祥後便禫，看來當如王肅之說，於『是月禫，徙[一]月樂』之說爲順《檀弓》。而今從鄭氏之說，雖是禮疑從厚，然未爲當。」

先生曰：「薦新告朔，吉凶相襲，似不可行，未葬可廢。既葬則使輕服或已除者入廟行禮可也。四時大祭，既葬亦不可行。如韓魏公所謂節祠者，則如薦新行之可也。」○又曰：「頃年居喪，於四時正祭則不敢舉，而俗節薦享，則以墨衰行之。蓋正祭三獻受胙非居喪所可行，而俗節則唯普同一獻，不讀祝不受胙也。」○先生以子喪不舉盛祭，就祠堂內致薦，用深衣幅巾薦畢，反喪服哭奠。子則至慟。

司馬公曰：「《王制》：『大夫士有田則祭，無田則薦。』注：『祭以首時，薦以仲月。』今國家享太廟用孟月，自周六廟。濮王廟皆用仲月。以此私家

[一]「徙」字，明、庫本作「從」字。

不敢用孟月。」○高氏曰：「何休曰『有牲曰祭，無牲曰薦』。今人鮮用牲，唯設庶羞而已。」

問：「先生祭儀時祭皆卜日。今聞卻用二至二分祭，是如何。」先生曰：「卜日不定，慮有不虔。温公亦云，只用分至亦可。」司馬公曰：「孟詵《家祭儀》用二至二分。然今仕官〔一〕者，職業既繁，但時至事暇可以祭，則卜筮亦不必亥日及分至也。若不暇卜日，則止依孟儀用分至，於事亦便也。」

司馬公曰：「舅没則姑老不與於祭。若或自欲預祭，則特位於主婦之前，參神畢，升立於酒壺之北，監視禮儀。或老疾不能久立，則休於他所，俟受胙，復來受胙辭神而已。」

〔一〕「仕官」二字，公、性、明、庫本作「仕宦」二字。

司馬公《書儀》，祭及曾祖。有問伊川先生曰：「今人不祭高祖，如何。」曰：「高祖自有服，不祭甚非。某家卻祭高祖。」又曰：「自天子至於庶人，五服未嘗有異，皆至高祖。服既如是，祭祀亦須如是。」○先生曰：「考諸程子之言，則雖三廟一廟以至祭寢，亦必及於高祖，但有疏數之不同耳。疑此最爲得祭祀之本意。今以祭法考之，雖未見祭必及高祖之文，然有月祭享嘗之別，則古者祭祀以遠近爲疏數亦可見矣。禮家又言，『大夫有事〔一〕，省於其君，干祫及其高祖』。此則可爲立三廟而祭及高祖之驗。但干祫之制，他未有考耳。」○又曰：「主祭者遊宦四方，或貴仕於朝，則奉二主以從之，於事爲宜。蓋上不失萃聚祖考精神之義二主常相依，則精神不分矣，下使宗子得以田禄薦享祖宗。處禮之變而不失其中，所謂禮雖先王所未之有，而可以義起者，蓋如此。但支子所得自主之祭，則當留以奉祀，不得隨宗子而徙也。」○又曰：「兄弟異居，廟初不異，只合兄祭而弟與執事，或以物助之爲宜。向見説前輩有如此。

〔一〕「事」字，明、庫本作「是」字。

而相去遠者，則兄家設主，弟不立主，只於祭時旋設位，以紙榜標記逐位，祭畢焚之。如此似亦得禮之變也。」

先生嘗書戒子塾曰：「吾不孝，爲先公棄捐，不及供養。事先妣四十年，然愚無識知，所以承顔順色，甚有乖戾。至今思之，常以爲終天之痛，無以自贖。惟有歲時享祀，致其謹潔，猶是可着力處。汝輩及新婦等，切宜謹戒。凡祭肉臠割之餘及皮毛之屬，皆當存之，勿令殘穢褻慢以重吾不孝。」

陳淳曰：「降神在參神之後。然始祖先祖之祭，只設虚位而無主，則又當先降而後參，不容以是爲拘。」

伊川先生曰：「古者灌以降神，故以茅縮酌，謂求神於陰陽有無之間，故酒必灌於地。若奠酒則安置在此。今人以澆在地上，甚非也。既獻則撤去可也。」○横渠先生曰：「奠酒，奠，安置也。若言奠摯奠枕是也。注之於地，非也。」○朱先生曰：「酹酒有兩説。一用鬱鬯灌地以降神，則唯天子諸侯有之。一是祭酒。蓋古者飲食必祭，鬼神自不能祭，故代之祭也。今人雖存其禮而失其義，不可不知。」○問：「酹酒是少傾，是盡傾。」先生曰：「降神是盡傾。」

楊氏曰：「祭酒是少傾于地。」

楊氏曰：「《士虞禮》：『無尸者……祝闔牖户如食間。』注：『如尸一食九飯之頃也。』」

先生曰：「某家舊時，時祭外有冬至立春季秋三祭。後以冬至立春二祭似僭，覺得不安，遂已之，季秋依舊祭禰。」○又曰：「始祖之祭似禘冬季，先祖之祭似祫立春。」

問忌日黲巾之制。先生曰：「如帕複相似。有四隻帶，若當幞頭然。」

先生嘗書戒子云：「比見墓祭土神之禮，全然滅裂，吾甚懼焉。既爲先公託體山林，而祀其主者豈可如此。今後可與墓前一樣菜果鮓脯共十器，肉魚饅頭各一大盤，凡所具之物悉陳之，羹飯茶湯各一器，以盡吾寧親事神之意，勿令少有隆殺。」

問改葬。曰：「須告廟而後告墓，方啓墓以葬。葬畢，奠而歸，又告廟，哭而後畢，事方穩當。行葬更不必出主，祭告時卻出主於寢。」

右文公門人三山楊復所附註於逐條之下者，可謂有功於《家禮》矣。復別出之以附于書之後，恐其間斷文公本書也。抑文公此書欲簡便而易行，故與《儀禮》或有不同如婦人用今之衰裳，弔喪者徇俗而答拜之類，其所同者，又不能無詳略之異如昏禮之六禮，喪禮襲斂用衣多少之類，楊氏往往多不滿之意。復竊謂，《儀禮》存乎古，《家禮》通於今，《儀禮》備其詳，《家禮》舉其要，蓋竝行而不相悖也。故文公雖著《家禮》，而尤拳拳於編集《儀禮》之書，遺命治喪必令參酌《儀禮》《書儀》而行之。其意蓋可見矣。好古而欲盡禮者，固有《儀禮》在。楊氏之説，有不得而盡録云。淳祐五年乙巳歲二月既望，上饒周復謹書。

家禮附録終〔一〕

〔一〕「終」字，庫本闕。